"一带一路"沿线国家经贸概览之浙江读本

蒋　诚　编

浙江工商大学出版社
ZHEJIANG GONGSHANG UNIVERSITY PRESS
·杭州·

图书在版编目(CIP)数据

"一带一路"沿线国家经贸概览之浙江读本 / 蒋诚
编. —杭州：浙江工商大学出版社，2020.5
ISBN 978-7-5178-3793-0

Ⅰ. ①一… Ⅱ. ①蒋… Ⅲ. ①"一带一路"—对外经
贸合作—研究—浙江 Ⅳ. ①F752.855

中国版本图书馆 CIP 数据核字(2020)第 055347 号

"一带一路"沿线国家经贸概览之浙江读本
"YIDAIYILU" YANXIAN GUOJIA JINGMAO GAILAN ZHI ZHEJIANG DUBEN

蒋 诚 编

责任编辑	吴岳婷
封面设计	林朦朦
责任印制	包建辉
出版发行	浙江工商大学出版社
	(杭州市教工路 198 号 邮政编码 310012)
	(E-mail:zjgsupress@163.com)
	(网址:http://www.zjgsupress.com)
	电话:0571-88904980,88831806(传真)
排 版	杭州朝曦图文设计有限公司
印 刷	杭州宏雅印刷有限公司
开 本	880mm×1230mm 1/32
印 张	7.75
字 数	195 千
版 印 次	2020 年 5 月第 1 版 2020 年 5 月第 1 次印刷
书 号	ISBN 978-7-5178-3793-0
定 价	42.00 元

‖ 前 言 ‖

　　"一带一路"历史悠久,可追溯到古代丝绸之路。古代丝绸之路,是指西汉时,由张骞出使西域而开辟的以长安(今西安)为起点,经甘肃、新疆,到中亚、西亚,并连接地中海各国的陆上通道。这条路线在古代是横贯欧亚大陆的贸易交通干线,它促进了欧亚非各国与中国的友好往来。在这条路线沿线进行的贸易中,中国输出的商品以丝绸、茶叶、香料最具代表性,因此,德国地理学家李希霍芬将这条陆上交通路线称为丝绸之路,此称沿用至今。后因陆运交通没有办法满足日益增长的货物运输需求,以及陆上丝绸之路的一些路段险峻难行,加之航海技术及造船技术有了长足进步,海上丝绸之路渐渐兴起。古代海上丝绸之路起于秦汉,兴于隋唐,盛于宋元,明初达到顶峰,明中叶因海禁而衰落。古代海上丝绸之路的重要起点有泉州、番禺(今广州)、明州(今宁波)、扬州、登州(今蓬莱)、刘家港等。古代丝绸之路促进了亚欧非各国和中国的社会经济发展,并搭建起了东西方文化交流的重要桥梁。

　　为让沿线国家互利互通,2013 年,习近平主席访问中亚和俄罗斯期间,在哈萨克斯坦纳扎尔巴耶夫大学演讲,正式提出建设"丝绸之路经济带"的倡议。2014 年 11 月,在 APEC 会议上,习主席又提出建设"21 世纪海上丝绸之路"的构想。2015年 3 月 28 日,国家发改委、外交部、商务部联合发布了《推进共建丝绸之路经济带和 21 世纪海上丝绸之路的愿景与行动》,"一带一路"倡议正式拉开序幕。习主席希望以开放包容、互学互鉴、互利共赢为核心的丝路精神,将"一带一路"建成和平之路、繁荣之路、开放之路、创新之路、文明之路。"一带一路"倡议提出的目的是共商合作大计、共建合作平台、共享合作成果，让"一带一路"更好地造福各国人民。

浙江作为古代海上丝绸之路的发祥地，承担着商品原产地、集散地等重要作用。自改革开放以来，浙江作为外贸大省，迅速发展成为轻工业品、日用消费品等生产基地。浙江是资源小省，一方面产能过剩，一方面出口依赖度高，这就决定浙江经济的发展需要充分利用国际市场和国际资源。浙江省深入参与"一带一路"建设，是浙江"腾笼换鸟"、拓展发展空间的必然选择和有效途径。如今，"一带一路"给浙江带来跨越式发展。伴随"一带一路"建设的铺开，陆港火车(义乌中欧班列)与海港巨轮(宁波舟山港)如同鲲鹏双翼，为浙江发展带来了新动力。浙江各地纷纷抓住机遇，布局"一带一路"发展计划。

本书分为两部分。第一部分介绍了"一带一路"沿线国家的基本情况及与我国的经贸情况(截至 2019 年 7 月底，中国已累计同 136 个国家、30 个国际组织签署了 195 份政府合作文件，"一带一路"朋友圈遍布亚洲、非洲、欧洲、大洋洲、拉丁美洲。本书选取了其中第一批 64 个国家来介绍，其余国家的经贸情况会陆续补充在微信公众号"同游经济带"里)。第二部分以浙江融入"一带一路"建设的脚步为主线，通过总结浙江省 11 个市对"一带一路"倡议的响应情况，来展示浙江省在"一带一路"建设过程中的成绩单，并提出一些经验建议。本书既提供给浙商"一带一路"布局沿线国家的经贸情况介绍，又给浙江省内城市间的互相学习提供了平台，同时给浙江省外其他地区以启示。

这本书浅显易懂，条目明细，方便快速阅览和比较，详细内容则可以扫描书中二维码阅读。因此，这本书可以作为"一带一路"爱好者的读本，也可以成为浙江省相关院校的教材；可以是浙江省企业参与"一带一路"倡议时使用的参考资料,也可以为其他地区的企业提供"浙江样本"。

这是一本受众面广、形式新颖的介绍"一带一路"沿线国家和浙江成果的科普类读物,希望能满足不同层面读者的需要,为"一带一路"倡议的推广普及发挥更大的作用。因时间仓促,错漏在所难免,欢迎社会各界批评指正,提出宝贵意见。

蒋诚

2020 年 3 月

|| 目 录 ||

第一部分

「一带一路」沿线国家按区域经贸简介

数据资料来源　　相关网址资料

第一章 中亚5国

第一节 哈萨克斯坦

(一)基本介绍

【国名】哈萨克斯坦共和国(The Republic of Kazakhstan),简称哈萨克斯坦(Kazakhstan),1991年12月16日独立。

【面积】约272.49万平方千米。

【人口】约1839.57万(截至2019年1月)。

【首都】努尔苏丹(原称阿斯塔纳,2019年3月更名)

【时差】比北京时间晚2小时。

【气候】典型大陆性气候,夏热冬寒,1月平均气温-19℃至-4℃,7月平均气温19℃至26℃。

【语言】哈萨克语为国语,官方语言为哈萨克语和俄语。

【货币】坚戈(1 KZT = 0.01804 CNY,2019年10月平均汇率)。

【经济】以石油、采矿、煤炭和农牧业为主。

【资源】石油资源和矿产资源丰富。已经探明石油储量48亿吨,已经探明的矿藏90多种。

【双边贸易】据中国海关统计,2019年1—12月,中哈贸易进出口额1517.91亿元人民币,同比增长15.5%。其中,中方对哈出口879.98亿元人民币,同比增长17.3%;自哈进口637.93亿元人民币,同比增长13%;中方贸易顺差242.04亿元人民币。2019 年,中国是哈萨克斯坦第二大贸易伙伴国(仅次于俄罗斯),也是哈第二大出口目的国(仅次于意大利)和进口来源国(仅次于俄罗斯),在哈萨克斯坦对外贸易中的比重和分量不断上升。中方对哈主要出口机械、机电、服装、车辆及其零部件等,自哈主要进口矿物燃料、矿产品和农产品等。

【对哈投资】据中国商务部统计,2018 年中国对哈萨克斯坦直接投资流量 1.1 亿美元。截至 2018 年末,中国对哈萨克斯坦直接投资存量 73.4 亿美元,包括石油勘探开发、哈萨克斯坦石油公司股权并购、加油站网络经营、电力、农副产品加工、电信、皮革加工、食宿餐饮和贸易等。

【合作领域】在化工、矿山、建材、新能源、基础设施建设等领域有多个项目在开展合作。

(二)投资环境

【中哈关系】哈萨克斯坦 1992 年与中国正式建交,2011 年 6 月,双方将两国关系提升为全面战略伙伴关系。2013 年 9 月,习主席在访哈期间首次提出共建"丝绸之路经济带"倡议。哈萨克斯坦在 2015 年 12 月正式成为世界贸易组织第 162 个成员。

【营商环境】在世界银行 2019 年 10 月 24 日发布的《2020 年营商环境报告》中,哈萨克斯坦在 190 个经济体中排名第 25 位。

【全球竞争力】世界经济论坛在 2019 年 10 月 9 日发布《2019 年全球竞争力报告》,哈萨克斯坦在全球最具竞争力的 141 个国家和地区中排名第 55 位。

【重点/特色产业】采矿业是哈萨克斯坦的支柱产业,其中石油天然气开采业是主要产业之一。其次是固体矿产资源开采业,包括铜、锌、铝等有色金属和煤炭。

【商务成本】哈萨克斯坦的水、电、燃气价格相对较低,但物价水平高于中亚其他国家。2018 年,哈萨克斯坦人均月工资467.7 美元。

(三)中资企业投资合作情况

据哈统计委员会发布数据,截至 2019 年 8 月 1 日,哈境内共有中资企业 3084 家。从行业分布来看,在哈中资企业主要从事贸易(380 家)、采矿业(87 家)和加工业(80 家)。如表 1-1 所示。

表 1-1　在哈萨克斯坦中国公司经贸重点合作项目

公司名称	主要经营活动
中石油公司	石油天然气勘探、开采、加工、运输,向哈出口石油机械设备、石油天然气管道铺设、石油天然气工程建设等
中石化公司	石油勘探开发与生产加工,向哈出口石油机械设备
中信集团公司	石油开采与加工、沥青厂建设和运营、医疗中心
中水电国际工程公司	双西公路部分路段承包工程
北方工业振华石油	石油开采
中国有色金属建设股份有限公司	电解铝厂,石油焦煅烧、选矿厂
中国工商银行阿拉木图股份公司	商业银行业务
哈萨克中国银行	商业银行业务
华为阿拉木图公司	通信网络建设
新疆三宝公司	进出口贸易、承包工程
新康番茄制品厂	生产特色蔬菜罐头、果酱、辣椒酱、番茄制品等

数据来源:中国驻哈萨克斯坦大使馆经商参处。

自"一带一路"倡议提出后,哈萨克斯坦与浙江的经贸往来日渐频繁。自 2014 年 7 月 1 日起,从义乌始发的"义新欧"中欧班列已运营了 5 年多,大大提高了浙江商品输入中亚的速度。2019 年 11 月新增温州和诸暨始发班列,扩大了"义新欧+"模式,给沿线国家带去了浙江丰富的时令产品和工业品。浙江输入哈萨克斯坦的农产品和工业品品类多样,主要有湖州的家具、长兴葡萄等。

第二节 乌兹别克斯坦

(一)基本介绍

【国名】乌兹别克斯坦共和国(The Republic of Uzbekistan),简称乌兹别克斯坦(Uzbekistan)。1991 年 8 月 31 日宣布独立。

【面积】约 44.89 万平方千米。

【人口】约 3337.58 万(截至 2019 年 4 月)

【首都】塔什干。

【时差】比北京时间晚 3 小时。

【气候】干旱的大陆性气候,冬季寒冷,夏季炎热,干旱少雨,1 月平均气温 −6—3℃,7 月平均气温 25—32℃。

【语言】乌兹别克语为官方语言,俄语为通用语言。

【货币】苏姆(1 UZS = 0.0007393 CNY,2019 年 10 月平均汇率)。

【经济】国民经济支柱产业:黄金、棉花、石油、天然气。2019 年 1—6 月乌国内生产总值为 222.02 万亿苏姆,同比增长 5.8%。

【资源】资源丰富,现探明有近 100 种矿产品。其中,黄金探明储量 3350 吨(居世界第 4),石油探明储量为 1 亿吨,凝析油探明储量为 1.9 亿吨,天然气探明储量为 1.1 万亿立方米,煤储量为 18.3 亿吨,铀储量为 18.58 万吨(居世界第七,占世界铀储量的 4%)。

【双边贸易】据中国海关统计,2019 年 1—12 月,中乌贸易进出口额 497.33 亿元人民币,同比增长 20%。其中,中方对乌出口 347.29 亿元人民币,同比增长 33.2%;自乌进口 150.03 亿元人民币,同比减少 2.4%;中方贸易顺差 197.26 亿元人民币。中国对乌出口主要商品是机电产品、金属及其制品和化工产品。中国自乌进口主要商品是金属及其制品、矿产品、化工产品、面粉、植物油、肉类和蜂蜜等。

【对乌投资】据中国商务部统计,2018 年当年中国对乌兹别克斯坦直接投资流量 0.9 亿美元。截至 2018 年末,中国对乌兹别克斯坦直接投资存量 36.8 亿美元。中国对乌投资主要包括油气开采、采矿、交通仓储、工业、建材、农产品加工等行业。

【合作领域】重点合作领域是铀业资源合作和油气开发。产能合作主要在电力、煤炭、化工、工业园区建设等领域。

(二)投资环境

【中乌关系】乌兹别克斯坦 1992 年与中国正式建交。2016 年 6 月,双方将两国关系提升为全面战略伙伴关系。

【营商环境】在世界银行 2019 年 10 月 24 日发布的《2020 年营商环境报告》中,乌兹别克斯坦在 190 个经济体中排名第 69 位。

【全球竞争力】乌兹别克斯坦未出现在世界经济论坛在 2019 年 10 月 9 日发布的《2019 年全球竞争力报告》排名中。

【重点/特色产业】乌兹别克斯坦是中亚国家中最早生产汽车的国家。石油和天然气的储量和产量均居中亚第二位,但石油仅供国内市场。棉花种植业为支柱产业,是世界第五大产棉国,第二大棉花出口国。

【商务成本】乌兹别克斯坦的水、电、燃气价格相对中国低很多,劳动力资源丰富,为中亚第一人口大国。乌兹别克斯坦全年光照时间 300 多天,农产品种类丰富。2018 年,乌兹别克斯坦人均月工资 250 美元。

(三)中资企业投资合作情况

据中国商务部统计,截至 2018 年底,在乌兹别克斯坦注册的中资企业 812 家,主要从事油气勘探开发、天然气管道建设和运营、煤炭、电站、泵站、铁路和电信网改造、化工厂建设、土壤改良和制革制鞋及陶瓷等业务。如表 1-2 所示。

表 1-2　在乌兹别克斯坦中国公司经贸重点合作项目

企业名称	主要经营活动
中石油中亚天然气管道有限公司	天然气业务
中油国际(乌兹别克斯坦)有限责任公司	石油业务
中国石油工程建设公司	石油业务
中国联合石油有限责任公司	石油业务
中国国家开发银行	商业银行业务
中国进出口银行	商业银行业务
华为技术有限公司	通信网络建设
南方航空公司	航空业务
特变电工股份有限公司	发电业务
巴布尔木兰花纺织公司	棉纺业务

数据来源:中国驻乌兹别克斯坦大使馆经商参处。

乌兹别克斯坦与浙江的经贸往来密切,已经与浙江桐乡双箭股份有限公司签订了 27 个规格的输送带项目;进口浙江海宁市周王庙镇蚕种 20 万张,每张上有 3 万粒蚕种。

第三节　土库曼斯坦

（一）基本介绍

【国名】土库曼斯坦(Turkmenistan)，1991 年 10 月 27 日宣布独立。

【面积】约 49.12 万平方千米，国土面积 80% 被卡拉库姆沙漠覆盖。

【人口】约 562 万(截至 2019 年 1 月)。

【首都】阿什哈巴德。

【时差】比北京时间晚 3 小时。

【首都】典型大陆性气候，冬冷夏热，干燥少雨，1 月平均气温 2.1℃，7 月平均气温 37.6℃。

【语言】土库曼语为官方语言，俄语为通用语言。

【货币】马纳特(1 TMT = 2.0016 CNY，2019 年 10 月平均汇率)。

【经济】石油、天然气工业为支柱产业。农业主要种植棉花和小麦。2018 年国内生产总值同比增长 6.2%。2019 年 1—6 月，土国内生产总值同比增长 6.7%。

【资源】土能源资源丰富，石油和天然气远景储量分别为 120 亿吨和 50 万亿立方米，天然气储量居世界第四位。

【双边贸易】据中国海关统计，2019 年 1—12 月，中土贸易进出口额 627.38 亿元人民币，同比增长 12.7%。其中，中方对土出口 29.81 亿元人民币，同比增长 42.2%；自土进口 597.56 亿元人民币，同比增长 11.5%；中方贸易逆差 567.75 亿元人民币。此外，由于中土双边贸易以我国自土库曼斯坦进口能源产品为主导，进口占贸易总额的 90%—95%，因此我国长期处于对土库曼斯坦贸易逆差地位。中国对土出口商品包括钢铁、机械设备、电机电气、车辆及其零附件、医疗设备、化学用品、建材涂料等。中国自土进口商品主要包括天然气、树胶树脂、盐、贵金属、蚕丝棉花和动物毛等。

【对土投资】据中国商务部统计,2018 年当年中国对土库曼斯坦直接投资流量－0.3 亿美元。截至 2018 年末,中国对土库曼斯坦直接投资存量 3.1 亿美元。

【合作领域】油气、交通通信、机械设备等。其中,中国向土库曼斯坦进口其出口总量 95％的天然气。

(二)投资环境

【中土关系】土库曼斯坦 1992 年与中国正式建交,2013 年9 月,双方将两国关系提升为战略伙伴关系。

【营商环境】土库曼斯坦未出现在世界银行在 2019 年 10 月 24 日发布的《2020 年营商环境报告》排名中。

【全球竞争力】土库曼斯坦未出现在世界经济论坛在 2019 年 10 月 9 日发布的《2019 年全球竞争力报告》排名中。

【重点/特色产业】主要工业部门为石油、天然气开采、石油加工、电力、纺织、化工、建材、地毯、机械制造和金属加工等。其中油气工业是土库曼斯坦支柱产业。

【商务成本】土库曼斯坦的水、电、气、汽油供应较充足。2017 年,土库曼斯坦人均月工资 401 美元。

(三)中资企业投资合作情况

在土库曼斯坦注册及开展经营活动的中资机构有 23 家,合作范围包括油气、交通通信、机械设备等。如表 1-3 所示。

表 1-3　在土库曼斯坦中国公司经贸重点合作项目

公司名称	主要经营活动
中国石油天然气集团公司	中土天然气管道项目

公司名称	主要经营活动
中石化胜利石油管理执法局	当地油井修复和钻井项目
中国石油技术开发公司	出口油气设备项目
华为技术有限公司	出口通信设备及网络设施改造项目
中机进出口公司	出口铁路设备
江苏国泰公司	出口铁路设备

数据来源:中国驻土库曼斯坦大使馆经商参处。

土库曼斯坦与浙江的经贸往来因为有中亚班列而频繁起来。中亚班车经新疆霍尔果斯口岸出境,带着浙江的商品运往土库曼斯坦的泽尔格尔,运输货物种类主要有机械类、塑料类、服装类、皮革类、小商品、工艺品、汽配、文具、布匹、木制品、玻璃制品、陶瓷制品等。

第四节 吉尔吉斯斯坦

(一)基本介绍

【国名】吉尔吉斯共和国(Kyrgyz Republic),简称吉尔吉斯斯坦(Kyrgyzstan),1991 年 8 月 31 日宣布独立。

【面积】约 19.99 万平方千米,全国山地面积占国土总面积的 90%。

【人口】约 640 万(截至 2019 年 1 月)。

【首都】比什凯克。

【时差】比北京时间晚 2 小时。

【气候】大陆性气候,夏季干燥,冬季寒冷,1 月平均气温 −6℃,7 月平均气温 26℃。

【语言】吉尔吉斯语为国语,俄语为官方语言。

【货币】索姆(1 KGS = 0.10058 CNY,2019 年 10 月平均

汇率）。

【经济】根据吉海关统计数据,2019 年 1 月中吉贸易额为
1.95 亿美元,同比增长 6.6％。其中,吉向中国出口 650 万美
元,同比下降 32.2％;从中国进口 1.88 亿美元,同比增长
8.7％。

中国为吉第一大贸易伙伴国(占吉外贸总额的 42.7％)和
第一大进口来源国(占吉进口总额的 51.6％)。吉经济增长主
要依靠的是采矿业、制造业、建筑业、服务行业等发展的拉动。

【资源】自然资源主要有黄金、锑、钨、锡、汞、铀和稀有
金属等。

【双边贸易】据中国海关统计,2019 年 1—12 月,中吉贸易
进出口额 439.19 亿元人民币,同比增长 18.4％。其中,中方对
吉出口 434.62 亿元人民币,同比增长 18.3％;自吉进口 4.57
亿元人民币,同比增长 27.8％;中方贸易顺差 430.05 亿元人民
币。中国对吉投资主要涉及能源、橡胶塑料制品、非金属矿产
生产、地质勘探和矿产品开采等领域。中国对吉出口主要商品
为鞋类、服装、化纤、食品等,中国自吉进口主要商品为矿石、精
矿、贵金属、蜂蜜和水果等。

【对吉投资】据中国商务部统计,2018 年当年中国对吉尔
吉斯斯坦直接投资流量 1 亿美元。截至 2018 年末,中国对吉
尔吉斯斯坦直接投资存量 13.9 亿美元。

【合作领域】主要合作领域为制造业、批发零售业、职业技
术合作等。

（二）投资环境

【中吉关系】吉尔吉斯斯坦 1992 年与中国正式建交。2018
年 6 月,双方将两国关系提升为全面战略伙伴关系。吉尔吉斯
斯坦 1998 年加入世界贸易组织。

【营商环境】在世界银行 2019 年 10 月 24 日发布的《2020 年营商环境报告》中,吉尔吉斯斯坦在 190 个经济体中排名第 80 位。

【全球竞争力】世界经济论坛在 2019 年 10 月 9 日发布《2019 年全球竞争力报告》,吉尔吉斯斯坦在全球最具竞争力的 141 个国家和地区中排名第 96 位。

【重点/特色产业】农业是吉尔吉斯斯坦经济的主要支柱产业,其国民经济以农牧业为主,工业基础薄弱,主要生产原材料。

【商务成本】吉尔吉斯斯坦的水、电、燃气价格相对中国低,劳动力供过于求,失业率高,当地居民可合法持有枪支。2017年,吉尔吉斯斯坦人均月工资 212 美元。

(三)中资企业投资合作情况

截至 2017 年末,在吉注册中资企业有 430 家,主要经营领域为制造业、批发零售业、职业技术合作等。如表 1-4 所示。

表 1-4 在吉尔吉斯斯坦中国公司经贸重点合作项目

公司名称	主要经营活动
中国特变电工	比什凯克热电站项目
中国路桥公司	北—南公路修复一期和二期
中国建筑工程总公司	农业产业合作区项目
新疆北新路桥集团股份有限公司	4 段路 66.9 千米道路改造工程
中铁五局集团有限公司	吉尔吉斯 BK 项目
河南贵友实业集团有限公司	亚洲之星农业产业合作区

数据来源:中国驻吉尔吉斯斯坦大使馆经商参处。

吉尔吉斯斯坦与浙江的经贸往来已有 20 余年,浙江上峰水泥和金华邮电工程有限公司是在吉尔吉斯斯坦经营的两家浙企代表。其中,浙江上峰水泥厂是吉尔吉斯斯坦最大的水泥厂。

第五节 塔吉克斯坦

(一)基本介绍

【国名】塔吉克斯坦共和国(The Republic of Tajikistan),简称塔吉克斯坦(Tajikistan),1991 年 9 月 9 日宣布独立。

【面积】约 14.31 万平方千米。

【人口】约 928 万(截至 2019 年 8 月)。

【首都】杜尚别。

【时差】比北京时间晚 3 小时。

【气候】典型大陆性气候,夏季最高气温可达 40℃,冬季最低气温−20℃左右。

【语言】塔吉克语为国语,俄语为通用语。

【货币】索莫尼(1TJS=0.72441CNY,2019 年 10 月平均汇率)。

【经济】2018 年塔国内生产总值(GDP)为 688.44 亿索莫尼(约合 73 亿美元),人均国内生产总值约 802 美元,国内生产总值增长率 7.3%。对外贸易额 42.22 亿美元,同比增长 6.3%。2019 年 1—5 月塔国内生产总值(GDP)约 26 亿美元,同比增长 7.3%。主要贸易伙伴有俄罗斯、哈萨克斯坦、中国、土耳其等。

【双边贸易】据中国海关统计,2019 年 1—12 月,中塔贸易进出口额 115.81 亿元人民币,同比增长 16.2%。其中,中方对塔出口 109.97 亿元人民币,同比增长 16.2%;自塔进口 5.84 亿元人民币,同比增长 14.8%;中方贸易顺差 104.13 亿元人民币。

【对塔投资】据中国商务部统计,2018 年当年中国对塔吉克斯坦直接投资流量 3.8 亿美元。截至 2018 年末,中国对塔吉克斯坦直接投资存量 19.4 亿美元。

【合作领域】主要在农业、矿业、纺织、电信、水泥等领域。

（二）投资环境

【中塔关系】塔吉克斯坦 1992 年与中国正式建交。2017 年 8 月，双方将两国关系提升为全面战略伙伴关系。

【营商环境】在世界银行 2019 年 10 月 24 日发布的《2020 年营商环境报告》中，塔吉克斯坦在 190 个经济体中排名第 106 位。

【全球竞争力】世界经济论坛在 2019 年 10 月 9 日发布《2019 年全球竞争力报告》，塔吉克斯坦在全球最具竞争力的 141 个国家和地区中排名第 104 位。

【重点/特色产业】铝业是塔吉克斯坦的支柱产业，其次焦炭质量及储量都属中亚之最。石油天然气业及农牧业也是塔吉克斯坦的特色产业。

【商务成本】塔吉克斯坦的交通不太便利，电力基础设施落后，会造成运营成本增加。2018 年，塔吉克斯坦人均月工资 137.39 美元。

（三）中资企业投资合作情况

截至 2017 年末，在塔注册中资企业有 200 余家，主要在农业、矿业、纺织、电信、水泥等领域。如表 1-5 所示。

表 1-5 在塔吉克斯坦中国公司经贸重点合作项目

公司名称	主要大型工程项目
中石油中塔天然气管道有限公司	中亚天然气管道 D 线项目
中国路桥工程有限责任公司	中塔天然气管道 D 线 1#隧道项目，舒拉巴德—安吉洛彼道路改建修复项目

续　表

公司名称	主要大型工程项目
中铁五局(集团)有限公司	中亚道路连接线塔吉克斯坦路段项目
中铁十九局	瓦赫达特—亚湾铁路桥隧项目
中国重型机械有限公司	塔铝冰晶石和氟化铝工厂项目
新疆特变电工集团	杜尚别 2 号热电厂二期项目、塔政府直辖区电网 500 千伏高压输变电线路项目、220 千伏艾尼—鲁达基输变电(Lot2)项目
塔中矿业股份有限公司	年产 5 万吨铅冶炼厂
中泰新丝路投资有限公司	二期 5 万锭纺纱项目
中塔石油公司	120 万吨石油冶炼厂建设项目

数据来源:中国驻塔吉克斯坦大使馆经商参处。

　　塔吉克斯坦与浙江的经贸往来因为有中亚班列而频繁起来。货物种类主要有机械类、塑料类、服装类、皮革类、小商品、工艺品、汽配、文具、布匹、木制品、玻璃制品、陶瓷制品等。

第二章 东南亚 11 国

第一节 印度尼西亚

（一）基本介绍

【国名】印度尼西亚共和国（Republic of Indonesia），简称印度尼西亚（Indonesia）。1945 年 8 月 17 日宣布独立。

【面积】约 191.4 万平方千米，被誉为"千岛之国"，是全球最大的群岛国家。

【人口】约 2.62 亿（截至 2019 年）。

【首都】雅加达。

【时差】比北京时间晚 1 小时。

【气候】典型的热带雨林气候，年平均温度 25—27℃，分旱季和雨季两个季节。

【语言】官方语言为印尼语。

【货币】印尼盾（1 CNY ＝2004.2929IDR，2019 年 10 月平均汇率）。

【经济】印尼是东盟最大的经济体。农业、工业、服务业均在国民经济中发挥重要作用。2018 年印尼国内生产总值约 1.04 万亿美元，同比增长 5.17％。贸易总额 3927 亿美元，同比增长 13.2％。2018 年全年通胀率 3.13％。2019 年上半年国内生产总值为 5540 亿美元。

【资源】"热带宝岛"的印尼富含石油、天然气以及煤、锡、铝矾土、镍、铜、金、银等矿产资源。其中,棕榈油产量居世界第一,天然橡胶产量居世界第二。

【双边贸易】据中国海关统计,2019 年 1—12 月,双方贸易进出口额 5498.71 亿元人民币,同比增长 7.8%。其中,中方对印出口 3150.18 亿元人民币,同比增长 10.5%;自印度尼西亚进口 2348.52 亿元人民币,同比增长 4.5%;中方贸易顺差 801.66 亿元人民币。中国对印度尼西亚出口的主要产品分别为核反应堆、锅炉、机械器具及零件、电机、电气、音像设备及其零附件、钢铁、钢铁制品、车辆及其零附件、船舶及浮动结构体、贵金属的化合物、棉花、化学纤维长丝、针织物及钩编织物、有机和无机化学品、塑料及其制品、涂料、油灰、家具、灯具、活动房、蔬菜、食用水果及坚果、烟草、烟草及烟草代用品的制品、矿物燃料、矿物油及其产品沥青、铝及其制品、光学、照相、医疗等设备及零附件、橡胶及其制品、肥料、陶瓷产品、玻璃及其制品。中方向印度尼西亚进口的主要产品分别为矿产品、动植物油脂、塑料、橡胶、化工产品、纤维素浆及纸张、木及制品、纺织品及原料、机电产品、贱金属及制品、活动物及动物产品、食品、饮料、烟草、植物产品、鞋靴、伞等轻工产品、光学产品、钟表、医疗设备、运输设备等。

【对印投资】据中国商务部统计,2018 年当年中国对印度尼西亚直接投资流量 18.6 亿美元。截至 2018 年末,中国对印度尼西亚直接投资存量 128.1 亿美元。

【合作领域】主要合作领域有矿冶、农业、电力、地产、家电与电子和数字经济等。

(二)投资环境

【中印关系】印度尼西亚 1950 年与中国正式建交。2013 年,双方将两国关系提升为全面战略伙伴关系。2013 年 10 月,习近平主席在印尼首次提出共建"21世纪海上丝绸之路"。

【营商环境】在世界银行 2019 年 10 月 24 日发布的《2020 年营商环境报告》中,印度尼西亚在 190 个经济体中排名第 73 位。

【全球竞争力】世界经济论坛在 2019 年 10 月 9 日发布《2019 年全球竞争力报告》,印度尼西亚在全球最具竞争力的 141 个国家和地区中排名第 50 位。

【重点/特色产业】矿业是印尼的传统热点行业,其次是农林渔业。石油天然气业及旅游业也是印尼的特色产业。

【商务成本】印度尼西亚的基础设施严重滞后,电力基础、通信条件较差,物流成本高。2017 年,印尼人均月工资 248 美元,劳动力丰富但劳动力素质略显不足。

(三)中资企业投资合作情况

截至 2018 年末,在印尼注册中资企业有 260 余家,涵盖能源、矿产、交通运输、金融、保险、电子信息、机械、工程承包、化工及贸易等多个行业。如表 2-1 所示。

表 2-1 在印度尼西亚中国公司经贸重点合作项目

公司名称	主要大型工程项目
中国机械设备进出口总公司和浙江省火电建设公司	风港电站
中国交通建设股份有限公司	泗水—马都拉海峡大桥项目
中国能建浙江火电	爪哇 7 号电站
中国神华能源股份有限公司	南苏 1 号电站
青山镍铁工业园	矿业
中国西电	西电变电器生产项目

数据来源:中国驻印度尼西亚大使馆经商参处。

印度尼西亚与浙江的经贸往来密切,其中比较突出的是浙江火电建设公司承包了印尼几个大型电站项目。

第二节　泰国

（一）基本介绍

【国名】泰王国(The Kingdom of Thailand),简称泰国。

【面积】约 51.3 万平方千米。

【人口】约 6900 万(截至 2019 年)。

【首都】曼谷。

【时差】比北京时间晚 1 小时。

【气候】热带季风气候,全年分为热季、雨季和凉季,年平均气温 27.7℃,最高气温可达 40℃以上。

【语言】官方语言为泰语和英语。

【货币】泰铢(1THB=0.2332CNY,2019 年 10 月平均汇率)。

【经济】泰国是 WTO 的正式成员,也是东盟成员国。根据泰国海关数据,2017 年泰国进出口总额 4595 亿美元,同比增长 12.18%,其中出口 2367 亿美元,增长 9.89%,进口 2228 亿美元,增长 14.71%。

【资源】主要有钾盐、锡、褐煤、油页岩、天然气,还有锌、铅、钨、铁、锑、铬、重晶石、宝石和石油等。

【双边贸易】据中国海关统计,2019 年 1—12 月,中泰贸易进出口额 6326.61 亿元人民币,同比增长 9.7%。其中,中方对泰出口 3145.66 亿元人民币,同比增长 11.3%;自泰进口 3180.94 亿元人民币,同比增长 8.1%;中方贸易逆差 35.28 亿元人民币。

【对泰投资】据中国商务部统计,2018 年中国对泰国直接投资流量 7.3 亿美元。截至 2018 年末,中国对泰国直接投资存量 59.4 亿美元。

【合作领域】主要合作领域有通信工程、电力工程和城市轨道交通建设方面。

（二）投资环境

【中泰关系】泰国 1975 年 7 月 1 日与中国正式建交。2012 年,双方将两国关系提升为全面战略伙伴关系。

【营商环境】在世界银行 2019 年 10 月 24 日发布的《2020 年营商环境报告》中,泰国在 190 个经济体中排名第 21 位。

【全球竞争力】世界经济论坛在 2019 年 10 月 9 日发布《2019 年全球竞争力报告》,泰国在全球最具竞争力的 141 个国家和地区中排名第 40 位。

【重点/特色产业】农业是泰国的支柱产业,主要农产品包括稻米、天然橡胶、木薯、玉米、甘蔗、热带水果。泰国是世界第一大橡胶生产国和出口国,以及第一大木薯和大米出口国。

【商务成本】泰国的水电气价格比较便宜,劳动力资源丰富。2018 年,泰国人均月工资 700 美元。

（三）中资企业投资合作情况

截至 2018 年末,在泰注册中资企业有 150 余家,主要在通信工程、电力工程和城市轨道交通建设等领域。如表 2-2 所示。

表 2-2　在泰国中国公司经贸重点合作项目

公司名称	主要大型工程项目
中国能源建设股份有限公司	泰国 Agro-Solar 5MW 光伏项目群
中国铁建国际集团有限公司	曼谷 The One 公寓项目
中铁十局集团有限公司	大湄公河次区域高速公路扩建项目
华为技术有限公司	通信设备
国电南瑞南京控制系统公司	10 个泰国变电站综合改造项目
中国港湾工程有限公司	泰国高速路桥项目

数据来源:中国驻泰国大使馆经商参处。

泰国与浙江的经贸往来密切,其中泰中罗勇工业园起到了关键的作用,园区内有20多家浙江制造业企业,其中不乏富通、中策等浙江制造业的龙头企业。其中,富通集团(泰国)通信技术有限公司的光通信产品约占整个东南亚市场份额的15%,排名第一,是目前东南亚最大的光纤光缆基地;中策橡胶(泰国)有限公司,打造智能化工业4.0。

第三节 马来西亚

(一)基本介绍

【国名】马来西亚(Malaysia)。

【面积】约33万平方千米。

【人口】约3266万(截至2019年)。

【首都】吉隆坡。

【时差】与北京时间无时差。

【气候】热带雨林气候和热带季风气候,终年高温多雨,无明显的四季之分。

【语言】马来语为国语,通用英语。

【货币】马来西亚林吉特(1MYR=1.688CNY,2019年10月平均汇率)。

【经济】马来西亚经济基础稳固,经济增长前景较好,其中电子业、制造业、建筑业和服务业发展迅速。2017年,马来西亚国内生产总值(GDP)为11736亿马币(按2010年不变价格计算),同比增长5.9%。

【资源】自然资源丰富。橡胶、棕榈和胡椒的产量和出口量居世界前列。曾是世界产锡大国,近年来产量逐年减少。马来西亚石油储量丰富,此外还有铁、金、钨、煤、铝土、锰等矿产。盛产热带硬木。

【双边贸易】据中国海关统计,2019 年 1—12 月,中马贸易进出口额 8550.56 亿元人民币,同比增长 19.4%。其中,中方对马出口 3595.87 亿元人民币,同比增长 20.1%;自马进口 4954.69亿元人民币,同比增长 18.8%;中方贸易逆差 1358.82 亿元人民币。马来西亚对中国出口最多的商品为机电产品、矿产品和塑料橡胶;马来西亚自中国进口的商品主要有机电产品、贱金属及制品和化工产品。

【对马投资】据中国商务部统计,2018 年当年中国对马来西亚直接投资流量 16.6 亿美元。截至 2018 年末,中国对马来西亚直接投资存量 83.8 亿美元。

【合作领域】合作集中在制造业,还涵盖新能源、电力、石油化工、轨道交通、港口、农渔业、金融等多个领域。

(二)投资环境

【中马关系】马来西亚 1974 年 5 月 31 日与中国正式建交。2013 年,双方将两国关系提升为全面战略伙伴关系。

【营商环境】在世界银行 2019 年 10 月 24 日发布的《2020 年营商环境报告》中,马来西亚在 190 个经济体中排名第 12 位。

【全球竞争力】在世界经济论坛 2019 年 10 月 9 日发布的《2019 年全球竞争力报告》中,马来西亚在全球最具竞争力的 141 个国家和地区中排名第 27 位。

【重点/特色产业】旅游业是马来西亚经济中最大的产业部门,约占 GDP 的 54.4%;其国民经济的发展动力是制造业,约占 GDP 的 23%;采矿业和农业分别占 GDP 的 8.4% 和 8.17%。

【商务成本】马来西亚基础设施完善,人力资源素质较好,平均薪酬不高。2018 年,马来西亚人均月工资 690 美元。

（三）中资企业投资合作情况

中资企业在马来西亚，主要参与制造业、新能源、电力、石油化工、轨道交通、港口、农渔业、金融等多个领域。如表2-3所示。

表 2-3 在马来西亚中国公司经贸重点合作项目

公司名称	主要大型工程项目
	马中关丹产业园
广西北部湾国际港务集团	关丹港项目
中国广核集团有限公司	Edra 电站项目
中国银行马来西亚分行、中国工商银行马来西亚分行、中国建设银行马来西亚分行	金融业服务
华为技术有限公司、中兴通信马来西亚有限公司	通信业设备和服务
山东岱银纺织马来西亚有限公司	纺织业项目
山东恒源石油化工集团	收购壳牌炼油厂项目
中国中车股份有限公司	轨道交通装备东盟制造中心项目
晶科能源控股有限公司、晶澳太阳能有限公司	太阳能
株洲旗滨集团有限公司、信义玻璃控股有限公司	玻璃
广东省广垦橡胶有限公司	橡胶种植培育项目
厦门大学马来西亚分校	教育融通项目

数据来源：中国驻马来西亚大使馆经商参处。

马来西亚与浙江的经贸往来密切，其中浙江大学与马来西亚在教育、科技、医疗方面初步达成了多项合作共识。浙江大学医学院附属第一医院将优势医疗技术、优质医疗资源输出，在东南亚国家落地开花，拉开了浙医一院与马来西亚医疗卫生机构全面合作序幕。另外,浙江嘉兴平湖景兴控股(马)有限公司与马来西亚金狮集团投资合作,在马来西亚建造了功能完备的造纸工业园区。

第四节 越南

(一)基本介绍

【国名】越南社会主义共和国(The Socialist Republic of Viet Nam)。

【面积】约 32.96 万平方千米。

【人口】9620 万(截至 2019 年 4 月)。

【首都】河内。

【时差】比北京时间晚 1 小时。

【气候】属热带季风气候区。北部四季分明,南部分旱季和雨季,多数地区年平均气温为 26—27℃。

【语言】越南语。

【货币】越南盾(1VND＝0.0003035CNY,2019 年 10 月平均汇率)。

【经济】越南经济发展较快,但宏观经济稳定性不足,越南经济很大程度依赖出口,易受国际经济环境的影响。配套工业较落后,主要依靠进口设备和原材料。2017 年,越南国内生产总值(GDP)达 5007.9 万亿越南盾(约合 2276 亿美元)。

【资源】越南矿藏资源分为能源类、金属类和非金属类等50 多种矿产资源。能源矿藏主要有煤、石油和天然气;金属矿主要有铁、铬、铝、铜、镍、铅、钛矿等;非金属矿藏主要有磷灰石、硫化矿、高岭土等。越南还盛产大米、玉米、橡胶、椰子、胡椒、腰果、咖啡和水果等作物,同时越南渔业资源丰富。

【双边贸易】据中国海关统计,2019 年 1—12 月,中越贸易进出口额 11182.98 亿元人民币,同比增长 14.4%。其中,中方对越出口 6749.86 亿元人民币,同比增长 21.8%;自越进口 4433.12 亿元人民币,同比增长 4.8%;中方贸易顺差 2316.74 亿元人民币。中国对越南出口商品主要类别包括:机械器具及零件;电机、电气、音像设备及其零附件;钢铁制品;针织或钩编的服装及衣着附件;车辆及其零附件,但铁道车辆除外;矿物燃料、矿物油及其产品等。中国自越南进口商品主要类别包括:矿物燃料、矿物油及其产品;沥青等;手机及手机零配件;食用蔬菜、根及块茎;橡胶及其制品;机械器具及零件;电机、电气、音像设备及其零附件;棉花等。

【对越投资】据中国商务部统计,2018 年当年中国对越南直接投资流量 11.5 亿美元。截至 2018 年末,中国对越南直接投资存量 56.1 亿美元。

【合作领域】主要集中于加工制造业、房地产和电力生产行业。

(二)投资环境

【中越关系】越南 1950 年 1 月 18 日与中国正式建交。1991 年 11 月,双方将两国关系提升为全面战略伙伴关系。越南于 2006 年 11 月加入世界贸易组织(WTO)。

【营商环境】在世界银行 2019 年 10 月 24 日发布的《2020 年营商环境报告》中,越南在 190 个经济体中排名第 70 位。

【全球竞争力】世界经济论坛在 2019 年 10 月 9 日发布《2019 年全球竞争力报告》,越南在全球最具竞争力的 141 个国家和地区中排名第 67 位。

【重点/特色产业】越南的电力工业发展强劲,再生能源发电,特别是风电将与火电、核电一起成为今后越南电力发展的重点。其次是汽车工业、电子工业和农林渔业。越南的服务旅游业也大幅增长,下龙湾被列为世界自然文化遗产,吸引着海内外的游客。

【商务成本】越南的水电气采用阶梯价格,用得越多价格越高。2018 年,越南人均月工资 292 美元。

(三)中资企业投资合作情况

截至 2018 年末,在越注册中资企业有 200 余家,主要在加工制造业、房地产和电力生产行业等领域。如表 2-4 所示。

表 2-4 在越南中国公司经贸重点合作项目

公司名称	主要大型工程项目
中国华电科工集团有限公司	越南沿海二期燃煤电厂
中国电力工程顾问集团华北电力设计院有限公司	越南安庆北江燃煤电厂总承包项目
广西海外建设集团有限公司	东方国际疗养综合性高等级医院
中国电气进出口联营公司、越南西贡出口加工区	铃中出口加工区
浙江前江投资管理有限责任公司	龙江工业园
深越联合投资有限公司	深圳—海防经贸合作区
赛轮(越南)有限公司	橡胶轮胎生产项目
河内新希望集团有限公司	以开发、生产和销售猪、鸡、鸭、鹌鹑等高档配合饲料与浓缩饲料为主
百隆东方股份有限公司	色纺纱制造
天虹纺织集团	纺织业
申洲国际集团控股有限公司	服装工厂

数据来源:中国驻越南大使馆经商参处。

越南与浙江的经贸往来密切,其中龙江工业园区入驻了很多浙江企业,其中海亮(越南)铜业有限公司 2010 年正式投产,目前已成为全球最大的合金铜管生产和国际知名铜加工企业,同时推动了越南当地的经济发展。浙江也将省内二手车出口销售到越南等东南亚国家。

第五节 新加坡

(一)基本介绍

【国名】新加坡共和国(Republic of Singapore)。

【面积】约 724.4 平方千米。

【人口】约 564 万(截至 2018 年 12 月)。

【首都】新加坡。

【时差】与北京时间没有时差。

【气候】新加坡地处热带,长年受赤道低压带控制,为赤道多雨气候,气温年温差和日温差小,年平均温度在 23℃—32℃之间。

【语言】马来语为国语,英语、华语、马来语、泰米尔语为官方语言,英语为行政用语。

【货币】新加坡元(1SGD=5.16 CNY,2019 年 10 月平均汇率)。

【经济】新加坡是继伦敦和纽约之后的世界第三大金融中心。新加坡也是亚太地区重要的贸易、金融、航运中心。2017 年新加坡国内生产总值 3240 亿美元,人均 GDP 为 57722 美元。

【资源】自然资源匮乏,主要工业用品、生活必需品需进口。

【双边贸易】据中国海关统计,2019 年 1—12 月,中新贸易进出口额 6204.62 亿元人民币,同比增长 13.8%。其中,中方对新出口 3778.36 亿元人民币,同比增长 17%;自新进口 2426.25 亿元人民币,同比增长 9.2%;中方贸易顺差 1352.11 亿元人民币。中国对新出口主要产品为机电产品、矿产品、贱金属、纺织品及原料、家具玩具;自新进口的主要产品为机电产品、化工品、矿产品和塑料橡胶。

【对新投资】据中国商务部统计,2018 年当年中国对新加坡直接投资流量 64.1 亿美元。截至 2018 年末,中国对新加坡直接投资存量 500.9 亿美元。中国对新加坡投资行业为金融保险业和贸易业,投资方式以并购为主。

【合作领域】主要合作领域有房地产业、制造业、批发零售贸易业和建筑业等。

(二)投资环境

【中新关系】新加坡 1990 年与中国正式建交。2015 年 11 月,双方将两国关系提升为全方位合作伙伴关系。

【营商环境】在世界银行 2019 年 10 月 24 日发布的《2020 年营商环境报告》中,新加坡在 190 个经济体中排名第 2 位。

【全球竞争力】世界经济论坛在 2019 年 10 月 9 日发布《2019 年全球竞争力报告》,新加坡在全球最具竞争力的 141 个国家和地区中排名第 1 位。

【重点/特色产业】电子工业是新加坡传统产业之一,生物医药业是新加坡近年培育的新兴战略产业。作为世界第三大炼油中心和石油贸易枢纽之一的新加坡,还是亚洲石油产品的定价中心。其次还有精密工程业、海事工程业、金融保险业、运输仓储业和旅游业。

【商务成本】新加坡的一些基础生活用品依赖进口,因此商务成本稍高。2018 年新加坡人均月工资 3103.8 美元。

(三)中资企业投资合作情况

截至 2018 年末,在新加坡注册中资企业有 7000 家,经营范围涵盖贸易、金融、航运、基础设施、物流、房地产等多个行业,如表 2-5 所示。

表 2-5　在新加坡中国公司经贸重点合作项目

公司名称	主要大型工程项目
中银集团	收购新加坡飞机租赁公司
华能国际	收购新加坡大士能源、开发海水淡化项目
中石油	修建油库、收购新加坡石油公司
海航集团	收购集装箱租赁公司
中国建研院	收购新加坡 CPG 集团
中国 Nesta 财团	收购普洛斯

数据来源:中国驻新加坡大使馆经商参处。

　　新加坡与浙江的经贸往来密切,中石化浙江舟山石油有限公司全球燃料油业务中心已与新加坡港口合作,提供船舶加油服务。浙江石油化工有限公司在新加坡成立海外运营平台,从事原油采购、成品油和化工产品出口、大宗商品贸易等。浙江石油化工交易中心有限公司与新加坡交易所合作的橡胶 OTC 项目已显成效。另外,浙江省电子商务促进会、新加坡柏瑞企业顾问公司、杭州钱塘智慧城和中国(浙江)电子商务投融资服务中心的建立加快了两国之间跨境电子商务之间的合作。

第六节　菲律宾

(一)基本介绍

【国名】菲律宾共和国(Republic of the Philippines)。

【面积】约 29.97 万平方千米。

【人口】约 1 亿 200 万(截至 2019 年)。

【首都】大马尼拉市。

【时差】与北京时间没有时差。

【气候】菲律宾属季风型热带雨林气候,高温多雨,湿度大,台风多。全年平均气温为 27℃。

【语言】国语是以他加禄语为基础的菲律宾语,英语为官方语言。

【货币】比索(1PHP = 0.1383CNY,2019 年 10 月平均汇率)。

【经济】菲律宾为出口导向型经济,对外部市场依赖较大。第三产业在国民经济中地位突出,农业和制造业也占相当比重。菲律宾农业、工业和服务业占 GDP 的比重分别为 9.66%、30.45% 和 59.89%。

【资源】资源能源蕴藏丰富。金、银、铜、铁、铬、镍、地热等多种资源能源藏量在亚洲乃至世界名列前茅,森林覆盖率较高,水产资源丰富。

【双边贸易】据中国海关统计,2019 年 1—12 月,中菲贸易进出口额 4203.43 亿元人民币,同比增长 14.5%。其中,中方对菲出口 2810.93 亿元人民币,同比增长 21.7%;自菲进口 1392.49 亿元人民币,同比增长 2.4%;中方贸易顺差 1418.44 亿元人民币。中国对菲律宾出口商品主要类别包括:电机、电气、音像设备及其零部件;机械器具及零件;钢铁;矿物燃料、矿物油,沥青,矿蜡;服装;塑料及其制品;钢铁制品;玩具、游戏和运动器材及其零部件;车辆及其零部件,铁道车辆或电车除外;鞋靴、护腿和类似品及其零件。中国从菲律宾进口商品主要类别包括:电机、电气、音像设备及其零部件;机械器具及零件;矿砂、矿渣及矿灰;铜及其制品;食用水果及坚果,柑橘类水果或甜瓜果皮;塑料及其制品;光学、照相、医疗或手术器械等;矿物燃料、矿物油、沥青、矿蜡;动物或植物油脂、油料;玻璃及玻璃制品。

【对菲投资】据中国商务部统计,2018 年当年中国对菲律宾直接投资流量 0.5 亿美元。截至 2018 年末,中国对菲律宾直接投资存量 8.3 亿美元。

【合作领域】主要涉及矿业、制造业和电力等领域。

（二）投资环境

【中菲关系】菲律宾 1975 年与中国正式建交,一直保持着密切友好的合作关系。

【营商环境】在世界银行 2019 年 10 月 24 日发布的《2020 年营商环境报告》中,菲律宾在 190 个经济体中排名第 95 位。

【全球竞争力】世界经济论坛在 2019 年 10 月 9 日发布《2019 年全球竞争力报告》,菲律宾在全球最具竞争力的 141 个国家和地区中排名第 64 位。

【重点/特色产业】菲律宾旅游业发达,2017 年到访游客 660 万人次。同时,菲律宾是全球主要劳务输出国之一。菲律宾主要出口农产品为:椰子油、香蕉、鱼和虾、糖及糖制品、椰丝、菠萝和菠萝汁。菲制成品主要是电子、食品等轻工产品,占制造业产出的比重接近 60%。

【商务成本】菲律宾运营成本偏高,税费品种多,电力短缺昂贵,基础设施落后,造成运营成本增加,但是人力资源优势明显。菲律宾拥有数量众多、廉价、受过教育、懂英语的劳动力。2018 年,菲律宾人均月工资 300 美元。

（三）中资企业投资合作情况

截至 2018 年末,在菲律宾注册中资企业有 90 余家,主要涉及工程承包、电信、运输和电网等行业。中国企业在菲律宾的机构大多是设立分公司或代表处,以独立法人形式存在的不多。非独立法人的机构在开展业务方面局限性比较大。如表 2-6 所示。

表 2-6 在菲律宾中国公司经贸重点合作项目

公司名称	主要大型工程项目
华为技术有限公司	承接菲律宾电信
青岛市恒顺众昇集团股份有限公司	承建风光一体化项目
江苏双楼建设集团有限公司	承建八打雁港口发展项目
中国中铁、中国铁建、中国路桥、中国港湾、中电建、中能建、中建、中技、中国地质工程	经营工程承包
国航、南航、厦航、东航、中国远洋	经营海空运输、船舶代理

数据来源:中国驻菲律宾大使馆经商参处。

菲律宾与浙江的经贸往来密切,特别是在两国教育方面。浙江建设职业技术学院与菲律宾八打雁州立大学和菲律宾浙江总商会共同成立了中菲"一带一路"丝路学院,开设了中菲"一带一路"建筑技能人才丝路学院和中菲"一带一路"建筑职业教育联盟,中菲"一带一路"丝路学院授课师资团赴菲律宾进行授课、访问,促进了两国文化之间的友好交流。

第七节 缅甸

(一)基本介绍

【国名】缅甸联邦共和国(The Republic of the Union of Myanmar)。

【面积】约 67.66 万平方千米,属于东南亚陆地面积最大的国家。

【人口】约 5458 万(截至 2020 年)。

【首都】内比都。

【时差】比北京时间晚 1.5 小时。

【气候】属于热带季风气候,年平均气温 25℃。

【语言】官方语言为缅甸语。

【货币】缅币(1BUK＝0.004649CNY,2019 年 10 月平均汇率)。

【经济】缅甸自然条件优越,资源丰富。2017/2018 财年,缅甸国内生产总值约 690 亿美元,人均约 1300 美元,吸引外国直接投资 58 亿美元。主要贸易伙伴是中国、泰国、新加坡、日本、韩国。

【资源】缅甸主要自然资源有矿产资源、林业资源、水利资源、渔业和海洋资源。矿产资源主要有锡、钨、锌、铝、锑、锰、金、银等,宝石和玉石在世界上享有盛誉。石油和天然气在内陆及沿海均有较大蕴藏量。水利资源丰富,伊洛瓦底江、钦敦江、萨尔温江、锡唐江四大水系纵贯南北,但由于缺少水利设施,尚未得到充分利用。

【双边贸易】据中国海关统计,2019 年 1—12 月,中缅贸易进出口额 1289.07 亿元人民币,同比增长 28.5%。其中,中方对缅出口 849 亿元人民币,同比增长 22.1%;自缅进口 440.06 亿元人民币,同比增长 42.8%;中方贸易顺差 408.94 亿元人民币。中国对缅甸主要出口成套设备与机电产品、纺织品、摩托车配件和化工产品等,从缅甸主要进口原木、锯材、农产品和矿产品等。

【对缅投资】据中国商务部统计,2018 年当年中国对缅甸直接投资流量－1.9 亿美元。截至 2018 年末,中国对缅甸直接投资存量 46.8 亿美元。

【合作领域】主要集中在油气资源勘探开发、油气管道、电力能源开发、矿业资源开发及纺织制衣等加工制造业领域。

(二)投资环境

【中缅关系】缅甸 1950 年 6 月 8 日与中国正式建交。2011

年 5 月,双方将两国关系提升为全面战略伙伴关系。

【营商环境】在世界银行 2019 年 10 月 24 日发布的《2020年营商环境报告》中,缅甸在 190 个经济体中排名第 165 位。

【全球竞争力】缅甸没有出现在世界经济论坛在 2019 年10 月 9 日发布的《2019 年全球竞争力报告》中。

【重点/特色产业】农业是缅甸国民经济基础。主要农作物有水稻、小麦、玉米、花生、芝麻、棉花、豆类、甘蔗、油棕、烟草和黄麻等。主要工业有石油和天然气开采、小型机械制造、纺织、印染、碾米、木材加工、制糖、造纸、化肥和制药等。还有能源/采矿业和旅游业。缅甸的矿产资源丰富,名胜古迹众多。

【商务成本】缅甸人力资源丰富但受教育水平不高,电力匮乏,外地企业用水用气采用不同于本地人的收费标准,造成运营成本增加。2018 年,缅甸人均月工资 100 美元。

(三)中资企业投资合作情况

截至 2018 年末,在缅甸注册中资企业有 1200 余家,主要开展农业、旅游业、制造业、工业发展、IT 通信、基础设施、建筑等领域合作。如表 2-7 所示。

表 2-7 在缅甸中国

公司经贸重点合作项目

公司名称	主要大型工程项目
中石油东南亚管道公司	中缅油气管道项目
中石化	缅甸油气区块勘探项目
中国电力投资公司	伊江上游水电开发项目
大唐(云南)水电联合开发有限公司	太平江一期、育瓦迪水电开发项目
云南联合电力	瑞丽江一级水电开发项目
汉能集团	滚弄电站项目

续　表

公司名称	主要大型工程项目
长江三峡集团	孟东水电项目
中国水电建设集团	哈吉水电站项目、勐瓦水电站承包工程项目
中色镍业	达贡山镍矿项目
北方工业	蒙育瓦铜矿项目
中国机械进出口总公司	缅甸车头车厢厂承包工程项目
中工国际	孟邦轮胎厂改造项目、浮法玻璃项目、桥梁项目、承包工程项目
葛洲坝集团	其培电站、板其公路承包工程项目
云南能投联合外经	仰光达吉达 106MW 天然气联合循环电站
中国港湾	木姐—提坚—曼德勒高速公路、内比都—皎漂高速公路
中交建	仰光新城开发
泰豪国际	皎色 135MW 燃气电站
云南建投	仰光新会展中心

数据来源:中国驻缅甸大使馆经商参处。

　　缅甸与浙江的经贸往来密切,尤其是在纺织服装行业。浙江娅茜内衣有限公司践行国家"一带一路"倡议,在缅甸仰光建成娅茜(缅甸)服装有限公司项目,是拥有国际先进水平的服装制造基地,并不断吸引国内轻纺类企业参与投资建设。

第八节　柬埔寨

(一)基本介绍

　　【国名】柬埔寨王国(the Kingdom of Cambodia),曾被日本和法国占领,1953 年 11 月 9 日宣布独立。

【面积】约 18 万平方千米。

【人口】约 1480 万(截至 2019 年)。

【语言】柬埔寨语(又称高棉语)。

【首都】首都金边。

【时差】比北京时间晚 1 小时。

【气候】属热带季风气候,一年有两季,为旱季和雨季。

【货币】柬埔寨瑞尔(1KHR＝0.001739CNY,2019 年 10 月平均汇率,人民币不能直接和瑞尔互换,需要以美元搭桥)。

【经济】柬埔寨是传统农业国,工业基础薄弱,依赖外援外资。贫困人口约占总人口的 14％。实行对外开放和自由市场经济政策。2018 年经济增长率 7.3％,国内生产总值 239 亿美元,人均 1494 美元,通胀率 2.5％,对外贸易总额 324 亿美元。

【资源】柬埔寨盛产柚木、铁木、紫檀、黑檀等高级木材,并有多种竹类。矿藏主要有石油、天然气、磷酸盐、宝石、金、铁、铝土等。水资源丰富,洞里萨湖为东南亚最大的天然淡水湖,素有"鱼湖"之称。

【双边贸易】据中国海关统计,2019 年 1—12 月,中柬贸易进出口额 649.88 亿元人民币,同比增长 33.3％。其中,中方对柬出口 550.45 亿元人民币,同比增长 38.9％;自柬进口 99.43 亿元人民币,同比增长 8.9％;中方贸易顺差 451.02 亿元人民币。

长期以来,中国向柬埔寨提供了力所能及的援助。援助涉及成套项目、物资项目和农业、教育、体育、警务等领域的经济技术合作项目。

【对柬投资】据中国商务部统计,2018 年当年中国对柬埔寨直接投资流量 7.7 亿美元。截至 2018 年末,中国对柬埔寨直接投资存量 59.7 亿美元。中国将在 2019 年至 2021 年期间向柬埔寨提供 40 亿元人民币无偿援助。同时中国从柬埔寨进口大米的配额增至 40 万吨。计划到 2023 年两国双边贸易额增至 100 亿美元。投资产业主要分布在水电站、电网、通信、服务业、纺织业、农业、烟草、医药、能源矿产、境外合作区等。

【合作领域】在电力、农业、旅游开发、经济特区、信息通信等领域合作取得积极成果。

（二）投资环境

【中柬关系】柬埔寨 1958 年 7 月 19 日与中国正式建交。2010 年 12 月，双方将两国关系提升为全面战略伙伴关系。2003 年柬埔寨正式成为 WTO 的成员。

【营商环境】在世界银行 2019 年 10 月 24 日发布的《2020 年营商环境报告》中，柬埔寨在 190 个经济体中排名第 144 位。

【全球竞争力】在世界经济论坛 2019 年 10 月 9 日发布的《2019 年全球竞争力报告》中，柬埔寨在全球最具竞争力的 141 个国家和地区中排名第 106 位。

【重点/特色产业】柬埔寨的特色产业以农业、工业（主要是纺织服装产业和建筑业）、服务业（主要是旅游业）为主。柬埔寨的农业资源丰富，但是基础设施落后。制衣业和建筑业是柬埔寨工业的两大支柱产业，依靠人口红利和优惠待遇，吸引外资投资制衣和制鞋业。柬埔寨是旅游业资源丰富的国家。北部暹粒省吴哥王朝遗址群的吴哥窟是世界七大奇观之一。

【商务成本】柬埔寨水电资源丰富，但是配套基础设施落后，导致水电短缺价格高，会造成运营成本增加。2018 年，柬埔寨人均月工资 195 美元。

（三）中资企业投资合作情况

截至 2018 年末，在柬埔寨注册中资企业有 663 余家，涉及服装、制鞋、旅游箱包、织造、染色、印花、绣花、服装辅料、纺织服装设备等领域合作。如表 2-8 所示。

表 2-8 在柬埔寨中国公司经贸重点合作项目

公司名称	主要大型工程项目
中国华电集团公司	电站项目
中国重型机械总公司	基建项目
中国水电建设集团	电站项目
中国大唐公司	发电装置项目
广东外建、上海建工、云南建投	基建项目
江苏红豆集团	西哈努克港经济特区,中国商务部首批境外经贸合作区之一
柬埔寨光纤通信网络有限公司	通信设备项目
优联柬埔寨发展集团有限公司	柬埔寨旅游地产项目
中国免税品集团有限公司	免税品
宁波申洲针织有限公司	投建柬埔寨最大服装企业

数据来源:中国驻柬埔寨大使馆经商参处。

柬埔寨与浙江的经贸往来密切,当前在柬埔寨的浙商约有 2 万人,以从事国际贸易和纺织产业为主。浙商在柬埔寨投资十分红火,其中来自宁波的狮丹努集团有限公司是服装巨头 H&M 全球最大的供应商,狮丹努(柬埔寨)公司是该集团在柬埔寨开设的制衣公司。

第九节 老挝

(一)基本介绍

【国名】老挝人民民主共和国(The Lao People's Democratic Republic)。

【面积】约 23.68 万平方千米。

【人口】约 700 万(截至 2018 年)。

【首都】万象。

【时差】比北京时间晚 1 小时。

【气候】热带、亚热带季风气候;一年两季,为旱季和雨季。

【语言】官方语言为老挝语,普及英语。

【货币】老挝基普(1LAK＝0.0007953CNY,2019 年 10 月平均汇率)。

【经济】以农业为主,工业基础薄弱。2018 年经济增长 6.5％,GDP 约 179 亿美元,人均 2599 美元。

【资源】有锡、铅、钾盐、铜、铁、金、石膏、煤、稀土等矿藏。迄今得到开采的有金、铜、煤、钾盐等。水利资源丰富。2012 年森林面积约 1700 万公顷,全国森林覆盖率约 50％,产柚木、花梨等名贵木材。

【双边贸易】据中国海关统计,2019 年 1—12 月,中老贸易进出口额 270.35 亿元人民币,同比增长 17.7％。其中,中方对老出口 121.58 亿元人民币,同比增长 26.2％;自老进口148.77 亿元人民币,同比增长 11.6％;中方贸易逆差 27.19 亿元人民币。

【对老投资】据中国商务部统计,2018 年当年中国对老挝直接投资流量 12.4 亿美元。截至 2018 年末,中国对老挝直接投资存量 83.1 亿美元。

【合作领域】涉及经济合作区、铁路、电网、水电站、房地产和通信卫星等多个领域。

(二)投资环境

【中老关系】1961 年老挝与中国正式建交。2009 年 9 月,双方将两国关系提升为全面战略伙伴关系。2013 年,老挝正式加入世界贸易组织。

【营商环境】在世界银行 2019 年 10 月 24 日发布的《2020 年营商环境报告》中,老挝在 190 个经济体中排名第 154 位。

【全球竞争力】世界经济论坛在 2019 年 10 月 9 日发布《2019 年全球竞争力报告》,老挝在全球最具竞争力的 141 个国家和地区中排名第 113 位。

【重点/特色产业】采矿业是老挝重点扶持产业,主要集中在金、银、铜等领域;老挝的电力行业自然资源丰富,有太阳能、生物能源、煤炭、风能和水电能;老挝的农业开发条件较好;旅游业是老挝经济发展的新兴产业,老挝的琅勃拉邦市、巴色瓦普寺已被列入世界文化遗产名录。

【商务成本】老挝水电气供应有保障,价格相对较低,但是劳动力不足且整体质量不高。2018 年,老挝人均月工资 112 美元。

(三)中资企业投资合作情况

在老挝的中资企业,主要投资合作领域有铁路、电网、水电站、房地产和通信卫星等。如表 2-9 所示。

表 2-9　在老挝中国公司经贸重点合作项目

公司名称	主要大型工程项目
中国重型机械有限公司	老挝南俄 4(Nam Ngum 4)水电站
中铁国际集团有限公司	中老铁路
中国电建集团	南马江梯级水电站工程 EPC 合同
中国建筑股份有限公司	老挝琅勃拉邦海螺水泥项目
中国水利水电十局与中电建十五局联营	老挝东萨宏水电站项目
中国电建成都勘测设计院有限公司	老挝南普水电站项目
中国航空技术国际控股有限公司	老挝 Nam Dik 一期水电站项目

数据来源:中国驻老挝大使馆经商参处。

老挝与浙江的经贸往来密切,浙江泰杭律师事务所还与老挝 CLX 老中律师事务所约定互设联络处,以推动两国律师为促进中老社会经济合作服务。另外,老挝三江有限公司是宁波三江公司的海外战略部署的一站,将优质服务带入老挝,将老挝优质的农产品带回中国。

第十节 文莱

(一)基本介绍

【国名】文莱达鲁萨兰国(Negara Brunei Darussalam),简称文莱,1984 年 1 月 1 日宣布独立。

【面积】约 5765 平方千米。

【人口】约 42.27 万(截至 2018 年)。

【首都】斯里巴加湾市,原称"文莱城"。

【时差】与北京时间无时差。

【气候】热带雨林气候;一年两季,为旱季和雨季。

【语言】马来语为国语,通用英语。

【货币】文莱元(1BND＝5.1609CNY,2019 年 10 月平均汇率)。

【经济】文莱经济以石油天然气产业为支柱,非油气产业均不发达,主要有制造业、建筑业、金融业、农业、林业、渔业等,制造业几乎是空白。最近几年,由于油气产量下降,文莱经济增长出现停滞。2018 年文国内生产总值(GDP)183.9 亿文币(约合美元 135 亿美元),同比增长 0.1％。

【资源】文莱油气资源丰富,根据 2018 年《BP 世界能源统计年鉴》,截至 2017 年底,文莱已探明石油储量为 11 亿桶,占全球总量的 0.1％。文莱森林覆盖率为 72.11％,其中 11 个森林保护区总面积达到 2277 平方千米,占国土面积的 39％,86％

的森林保护区为原始森林。文莱有 162 千米的海岸线,200 海里渔业区内有丰富的渔业资源,水域没有污染,且无台风袭击,适宜养殖鱼虾。全国共有 50 个鱼虾养殖场。

【双边贸易】据中国海关统计,2019 年 1—12 月,中文贸易进出口额 76.03 亿元人民币,同比减少 37.4%。其中,中方对文出口 44.8 亿元人民币,同比减少 57.2%;自文进口 31.22 亿元人民币,同比增长 87.3%;中方贸易顺差 13.58 亿元人民币。

【对文投资】据中国商务部统计,2018 年当年中国对文莱直接投资流量-0.1 亿美元。截至 2018 年末,中国对文莱直接投资存量 59.4 亿美元。

【合作领域】在交通、通信、基础设施建设、金融、油气、农业、水产养殖、清真食品、卫生和基础建设等领域的合作。

(二)投资环境

【中文关系】文莱 1991 年 9 月 30 日与中国正式建交,2013 年 4 月,双方将两国关系提升为战略合作关系。1995 年 1 月 1 日成为 WTO 成员。

【营商环境】在世界银行 2019 年 10 月 24 日发布的《2020 年营商环境报告》中,文莱在 190 个经济体中排名第 66 位。

【全球竞争力】世界经济论坛在 2019 年 10 月 9 日发布《2019 年全球竞争力报告》,文莱在全球最具竞争力的 141 个国家和地区中排名第 56 位。

【重点/特色产业】油气产业是文莱的经济支柱,约占全国 GDP 的 53%。文莱积极发展油气中下游加工、高新科技产业、清真产业、生物科技、农业、林业、渔业和旅游业等多元化重点行业。

【商务成本】文莱基础设施完善,赋税较低,市场辐射广,但劳动力资源短缺。2018 年,文莱人均月工资 1462 美元。

（三）中资企业投资合作情况

在交通、通信、基础设施建设、金融等领域开展密切合作，共同勘探和开采海上油气资源，进一步加强在农业、水产养殖、清真食品、卫生和基础建设等领域的交流与合作。如表 2-10 所示。

表 2-10　在文莱中国公司经贸重点合作项目

公司名称	主要大型工程项目
中国化学工程第三建设有限公司	恒逸文莱石油化工项目芳烃联合标段
南京南化建设有限公司	PMB 石油化工项目西部罐区；东部罐区施工总承包
中化二建集团有限公司	恒逸文莱 PMB 石油化工项目加氢联合标段及焦化联合标段 文莱—广西经济走廊等 8 个工业园区
浙江恒逸集团	石油化工项目
广西北部湾港务集团	接管文莱摩拉港集装箱码头的运营
中海油田服务股份有限公司	综合性油田服务
北京同仁堂	清真药品
葫芦岛七星集团	石油钢管
广西海世通	文莱渔业综合开发项目
北京芝视界科技有限公司	DSS（定向音束）研究项目智慧城市研究项目 魔幻演播室研究项目

数据来源：中国驻文莱大使馆经商参处。

文莱与浙江的经贸往来密切，浙江大学、文莱大学和浙江恒逸集团共同实施的化工人才联合培养项目，为恒逸文莱大摩拉岛石油化工项目输入本土项目。另外，还有恒逸（文莱）PMB石油化工项目，是由浙江恒逸集团有限公司和文莱政府合资建设的千万吨炼油化工一体化项目。

第十一节 东帝汶

（一）基本介绍

【国名】东帝汶民主共和国（Democratic Republic of Timor-Leste），2002年5月20日正式独立。

【面积】约14919平方千米。

【人口】约131万，其中78％为土著人（巴布亚族与马来族或波利尼西亚族的混血人种）。

【首都】帝力。

【时差】比北京时间早1小时。

【气候】东帝汶境内多山，沿海有平原和谷地，大部分地区属热带雨林气候，平原、谷地属热带草原气候，年平均气温26℃。

【语言】官方语言为德顿语、葡萄牙语；工作语言为印尼语、英语。

【货币】通用美元，发行与美元等值的本国硬币。

【经济】东帝汶被联合国开发计划署列为亚洲最贫困国家和全球20个最落后的国家之一。经济以农业为主，基础设施落后，粮食不能自给，没有工业体系和制造业基础。

【资源】主要矿藏有金、锰、铬、锡、铜等。帝汶海石油和天然气资源富集，迄今已发现44块油田，探明石油储量约1.87亿吨（约50亿桶），天然气储量约7000亿立方米。东帝汶多山、湖、泉和海滩，但尚未开发。

【双边贸易】据中国海关统计，2019年1—12月，中东贸易进出口额11.63亿元人民币，同比增长28.5％。其中，中方对东出口9.81亿元人民币，同比增长11.9％；自东进口1.73亿元人民币，同比增长751.3％；中方贸易顺差8.08亿元人民币。

如表 2-11 所示。

【对东投资】据中国商务部统计,2018 年当年中国对东帝汶直接投资流量-0.1 亿美元。截至 2018 年末,中国对东帝汶直接投资存量 1.6 亿美元。

【合作领域】合作领域为餐饮、旅店、百货、建材、服务业等。

(二)投资环境

【中东关系】东帝汶 2002 年 5 月 20 日与中国正式建交。2010 年 7 月中国宣布对东帝汶输华产品逐步实施零关税。

【营商环境】在世界银行 2019 年 10 月 24 日发布的《2020 年营商环境报告》中,东帝汶在 190 个经济体中排名第 181 位。

【全球竞争力】东帝汶没有出现在世界经济论坛在 2019 年 10 月 9 日发布的《2019 年全球竞争力报告》排名中。

【重点/特色产业】东帝汶的经济支柱是石油、天然气为主的矿业;以贸易、餐饮和旅店为主的服务业是新兴产业。

【商务成本】东帝汶基础设施落后,大部分地区没有市政水,企业需要打井。电价比中国贵。东帝汶没有管道供气,只有燃气瓶。失业人口较多。2018 年,东帝汶人均月工资 300 美元。

(三)中资企业投资合作情况

中国有 29 家企业在东帝汶投资,主要在基础设施、农业合作、海洋渔业、能源矿产、旅游酒店、商业贸易和交通运输等领域合作。如表 2-11 所示。

表 2-11　在东帝汶中国公司经贸重点合作项目

公司名称	主要大型工程项目
中国山东外经集团东帝汶公司	国外建筑工程项目
中国核工业第二二建设有限公司东帝汶分公司	东帝汶 LACLUBAR JUNCTION-NATARBORA 道路升级及维护工程

续　表

公司名称	主要大型工程项目
东帝汶隆平农业发展有限公司	有机农产品海产品高端供给
重庆对外建设（集团）有限公司	对外工程承包、对外劳务输出
中海外—中铁—局东帝汶联营体公司	东帝汶 Suai-Fatukai/Mola 段高速公路项目等
华为公司	通信设施

数据来源：中国驻东帝汶大使馆经商参处。

　　东帝汶与浙江的经贸往来还有待进一步开发，但是文化交流、留学生项目却开展得如火如荼，浙江多所高校都有接收来自东帝汶的留学生，为两国的文化交流做贡献。

第三章 南亚8国

第一节 印度

（一）基本介绍

【国名】印度共和国（The Republic of India）。

【面积】约 298 万平方千米（不包括中印边境印占区和克什米尔印度实际控制区等），面积居世界第 7 位。

【人口】约 13.24 亿，居世界第 2 位。

【首都】新德里。

【时差】比北京时间晚 2.5 小时。

【气候】印度南部属热带季风气候，北部为温带气候，一年分为凉季、暑季和雨季三季。印度年平均气温在 22℃以上。

【官方语言】印地语和英语。

【货币】印度卢比（1INR＝0.098CNY，2019 年 10 月平均汇率）。

【经济】独立后经济有较大发展。农业由严重缺粮到基本自给，工业形成较为完整的体系，自给能力较强。20 世纪 90 年代以来，服务业发展迅速，占 GDP 比重逐年上升。印已成为全球软件、金融等服务业重要出口国。

【资源】资源丰富，有近 100 种矿藏。云母产量世界第 1，煤和重晶石产量居世界第 3。此外，还有石膏、钻石及钛、钍、铀等矿藏。森林面积 67.8 万平方千米，覆盖率为 20.64%。

【双边贸易】据中国海关统计,2019 年 1—12 月,中印贸易进出口额 6395.31 亿元人民币,同比增长 1.6%。其中,中方对印出口 5156.41 亿元人民币,同比增长 2.1%;自印进口 1238.95 亿元人民币,同比减少 0.2%;中方贸易顺差 3917.46 亿元人民币。

【对印投资】据中国商务部统计,2018 年当年中国对印度直接投资流量 2.1 亿美元。截至 2018 年末,中国对印度直接投资存量 46.6 亿美元。

【合作领域】主要合作领域包括电信、电力设备、家用电器、钢铁、机械设备、工程机械等。

(二)投资环境

【中印关系】印度 1950 年 4 月 1 日与中国正式建交,2005 年双方将两国关系提升为战略合作伙伴关系。

【营商环境】在世界银行 2019 年 10 月 24 日发布《2020 年营商环境报告》,印度在 190 个经济体中排名第 63 位。

【全球竞争力】世界经济论坛在 2019 年 10 月 9 日发布《2019 年全球竞争力报告》,印度在全球最具竞争力的 141 个国家和地区中排名第 68 位。

【重点/特色产业】拥有世界 1/10 的可耕地,是世界上最大的粮食生产国之一。旅游业是印度政府重点发展产业。印度的医药业规模在全球范围内排第 2 位,生物医药是印度制药业的领头羊。印度是全球仿制药市场的枢纽。酒店贸易服务业、金融类服务业、公共管理及其他服务业得到较快发展。印度软件出口、服务外包、汽车、电子产品制造、航空等新兴工业近年来发展迅速。

【商务成本】印度水电气供应紧张,整体物价水平较高,房屋、土地租售价格位居世界前列。劳动力资源丰富。2018 年,印度人均月工资 94.8 美元。

（三）中资企业投资合作情况

两国在电信、电力设备、家用电器、钢铁、基础设施、能源、制造业等领域有交流与合作。如表 3-1 所示。

表 3-1　在印度中国公司经贸重点合作项目

公司名称	主要大型工程项目
华为技术有限公司	承接印度电信
中国港湾工程有限责任公司	承建印度比哈尔邦混合年金高速公路
哈尔滨空调股份有限公司	承建北卡朗帕拉 3×660 MW 火力发电站项目
新疆特变电工集团	古吉拉特邦电力产业园区项目
北汽福田	马哈拉施特拉邦汽车产业园项目
深圳迈瑞生物医疗电子股份有限公司	生物医疗项目
东方电气集团公司	2 个大型火电站总承包项目
海尔电器印度公司	家电市场
柳工印度公司	工程机械行业
比亚迪电子印度有限公司	电动巴士项目

数据来源：中国驻印度大使馆经商参处。

印度与浙江的经贸往来密切，例如浙江鼎力高空作业平台，将直臂、曲臂及剪叉式等多种型号高空作业机械运往印度，帮助印度基础建设。同时温州医科大学的医学留学生们也和印度联系，送医问诊到印度。另外，浙江正泰集团计划 5 年内加码 16 亿美元，投资印度能源领域。

第二节 巴基斯坦

（一）基本介绍

【国名】巴基斯坦伊斯兰共和国（The Islamic Republic of Pakistan），简称"巴基斯坦"（Pakistan）。

【面积】约79.61万平方千米（不包括巴控克什米尔地区）。

【人口】约2.08亿（截至2019年）。

【首都】伊斯兰堡。

【时差】比北京时间晚3小时。

【气候】巴基斯坦大部分地区处于亚热带，气候总体炎热干燥，降水比较稀少。

【官方语言】乌尔都语和英语。

【货币】巴基斯坦卢比（1KPR＝0.06CNY，2019年10月平均汇率）。

【经济】巴基斯坦的经济结构由农业为基础转变为服务业为基础。农业只占国内生产总值的20％；而服务业占53％，批发和零售贸易占这个产业的30％。大笔外资被投入电信、房地产和能源等领域。其他主要产业包括软件、机动车辆、纺织、水泥、化肥、钢铁、造船、航空航天工业和军火生产。

【资源】巴基斯坦煤炭资源丰富，煤炭资源储备在1850亿吨左右。主要矿藏储备有：天然气4920亿立方米、石油1.84亿桶、煤1850亿吨、铁4.3亿吨、铝土7400万吨，还有大量的铬矿、大理石和宝石。森林覆盖率4.8％。

【双边贸易】据中国海关统计，2019年1—12月，中巴贸易进出口额1239.97亿元人民币，同比减少1.4％。其中，中方对巴出口1115.79亿元人民币，同比增长0.1％；自巴进口124.18亿元人民币，同比减少13.1％；中方贸易顺差991.61亿元人民币。

【对巴投资】据中国商务部统计,2018 年当年中国对巴基斯坦直接投资流量－1.9 亿美元。截至 2018 年末,中国对巴基斯坦直接投资存量 42.4 亿美元。

【合作领域】在农业、水产养殖、清真食品、卫生和基础建设等领域交流与合作。

(二)投资环境

【中巴关系】巴基斯坦 1951 年与中国正式建交。2013 年 4月,双方将两国关系提升为战略合作关系。

【营商环境】在世界银行 2019 年 10 月 24 日发布的《2020年营商环境报告》中,巴基斯坦在 190 个经济体中排名第108 位。

【全球竞争力】世界经济论坛在 2019 年 10 月 9 日发布《2019 年全球竞争力报告》,巴基斯坦在全球最具竞争力的 141个国家和地区中排名第 110 位。

【重点/特色产业】农业是巴基斯坦经济的生命线,占GDP19.55%;制造业是巴基斯坦经济第二大支柱,包括纺织业、皮革业、水泥业、制糖业和化肥业,占 GDP13.5%。

【商务成本】巴基斯坦的水电气价格分区域有所不同,劳动力丰富但是素质不高。2018 年,巴基斯坦人均月工资 285.71 美元。

(三)中资企业投资合作情况

双方在通信、油气勘探、电力、水利、交通、机场、港口、房建、资源开发等领域进行投资合作。如表 3-2 所示。

表 3-2　在巴基斯坦中国公司经贸重点合作项目

公司名称	主要大型工程项目
上海电气、中国电力工程顾问集团西北电力设计院工程有限公司	巴基斯坦塔尔 2×660 MW 燃煤电站项目
葛洲坝集团	巴基斯坦阿扎德帕坦水电站项目
上海建工	中巴友谊中心
中水对外	曼格拉大坝加高项目
东方电气	南迪普联合循环电站
中国路桥	喀喇昆仑公路升级改造一期项目
葛洲坝集团	尼勒姆杰勒姆水电站项目
中建	伊斯兰堡新机场航站楼项目
北方国际	拉合尔橙线轨道交通项目
中核	恰希玛核电站三期和四期

数据来源：中国驻巴基斯坦大使馆经商参处。

　　自习近平主席 2015 年对巴基斯坦成功进行历史性国事访问并启动中巴经济走廊建设以来，中国对巴援助规模迅速扩大，援助内容不断丰富。中国对巴基斯坦援助形式包括无偿援助、无息贷款、优惠出口买方信贷和政府优惠贷款以及能力培训等。主要的援助项目包括：瓜达尔港国际机场项目和快速路项目；数字电子传输示范项目；联邦部落地区学校重建项目；中巴跨境光缆项目；遥感卫星一号项目；等等。

　　巴基斯坦与浙江的经贸往来密切，例如浙江吉利控股集团旗下宝腾汽车与巴基斯坦阿吉哈汽车集团合作，在巴基斯坦卡拉奇建设海外全散装件组装汽车工厂。

第三节　孟加拉国

(一) 基本介绍

【国名】孟加拉人民共和国(The People's Republic of Bangladesh)。

【面积】约 14.76 万平方千米。

【人口】约 1.6 亿(截至 2019 年)。

【首都】达卡。

【时差】比北京时间晚 2 小时。

【气候】属亚热带季风型气候,湿热多雨。全年分为冬季、夏季和雨季三季,年平均气温约为 26.5℃。

【官方语言】孟加拉语和英语。

【货币】孟加拉国塔卡(1BDT＝0.0829CNY,2019 年 10 月平均汇率)。

【经济】根据孟加拉国政府公布的数据,近 10 年来,孟加拉国经济持续稳定增长,国内生产总值(GDP)年均增长率维持在 6％以上。2016/2017 财年,孟加拉国实际 GDP 约合 1197 亿美元,较上年增长 7.28％;名义 GDP 约合 2497 亿美元,较上年增长 14.02％。孟加拉国工业相对落后,以轻工业为主。

【资源】孟加拉国矿产资源主要有天然气、石灰石、硬岩石、煤炭、硅砂等。孟加拉国森林面积约 200 万公顷,森林覆盖率约 13.4％。

【双边贸易】据中国海关统计,2019 年 1—12 月,中孟贸易进出口额 1265.34 亿元人民币,同比增长 2.5％。其中,中方对孟出口 1193.98 亿元人民币,同比增长 2.1％;自孟进口 71.36 亿元人民币,同比增长 9.8％;中方贸易顺差 1122.62 亿元人民币。

【对孟投资】据中国商务部统计,2018年当年中国对孟加拉国直接投资流量5.4亿美元。截至2018年末,中国对孟加拉国直接投资存量8.7亿美元。

【合作领域】在建材、电力、轻纺、石化、轨道交通、汽车、通信、工程机械和船舶海洋工程装备等领域合作。

(二)投资环境

【中孟关系】孟加拉国1975年10月4日与中国正式建交。2013年4月,双方将两国关系提升为战略合作关系。

【营商环境】在世界银行2019年10月24日发布《2020年营商环境报告》,孟加拉国在190个经济体中排名第168位。

【全球竞争力】世界经济论坛在2019年10月9日发布《2019年全球竞争力报告》,孟加拉国在全球最具竞争力的141个国家和地区中排名第105位。

【重点/特色产业】服装业是孟加拉国的支柱产业。孟加拉国目前是全球牛仔服装主要生产国,年产量约为2亿件,欧洲市场份额为27%,已经超过中国。孟加拉国还是世界上第二大黄麻生产国,年产量超过100万吨。孟加拉国的医药产业兴盛,自给率达98%。

【商务成本】孟加拉国劳动力丰富且价格低廉。2018年,孟加拉国人均月工资300美元。

(三)中资企业投资合作情况

双方在能源、纺织服装及其相关的机械设备、工程项目例如电力、河道疏浚、水厂等领域进行交流与合作。如表3-3所示。

表 3-3　在孟加拉国中国公司经贸重点合作项目

公司名称	主要大型工程项目
中国机械进出口(集团)有限公司	承建达卡至阿苏利亚高架高速公路项目
中国土木工程集团有限公司	承建卓伊德普尔至伊舒尔迪复线铁路项目
江苏永鼎股份有限公司	承建国家电网公司升级改造项目
北方国际合作股份有限公司与孟加拉国乡村电力公司	签署联合投资孟加拉国博杜阿卡利 2×660MW 超临界燃煤电站项目合资协议

数据来源:中国驻孟加拉国大使馆经商参处。

　　孟加拉国与浙江的经贸往来密切,例如浙江省纺织机械制造企业出口大量纺织机械和零件,其中以绣花机为主。另外浙江省机电集团在孟加拉国承接了智慧照明项目,涵盖设计、供货、土建、安装和调试。

第四节　斯里兰卡

(一)基本介绍

　　【国名】斯里兰卡民主社会主义共和国(The Democratic Socialist Republic of Sri Lanka),被称为"印度洋上的珍珠"。

　　【面积】约 6.6 万平方千米。

　　【人口】约 2167 万(截至 2018 年)。

　　【首都】科伦坡。

　　【时差】比北京时间晚 2.5 小时。

　　【气候】斯里兰卡终年如夏,无四季之分,只有雨季和旱季。热带季风气候,年均气温 28℃。

　　【官方语言】僧伽罗语、泰米尔语同为官方语言和全国语言,商务活动中通用英语。

【货币】斯里兰卡卢比(1LKR＝0.039CNY,2019年10月平均汇率)。

【经济】斯里兰卡根据其地缘优势,倾力打造航空、航运、旅游与商业、能源和经济5个中心,发展成为连接东南亚新兴经济体、中东产油区、非洲新兴经济体和西方发达经济体的区域经济中心。与南亚其他国家相比,无论是地理位置、劳动力素质、生活环境,还是政策环境、商业环境、投资法律及税收优惠等,斯里兰卡投资环境均胜出一筹,现已发展成为亚太地区最具吸引力的投资地之一。

【资源】斯里兰卡的农业资源和森林资源丰富。其中可耕地面积占国土面积61%,土壤肥沃,气候适宜,盛产热带经济作物和热带水果,有大片的茶园、椰子园和橡胶园,树种丰富。

【双边贸易】据中国海关统计,2019年1—12月,中斯贸易进出口额309.94亿元人民币,同比增长2.7%。其中,中方对斯出口282.5亿元人民币,同比增长0.7%;自斯进口27.44亿元人民币,同比增长29.4%;中方贸易顺差255.06亿元人民币。

【对斯投资】据中国商务部统计,2018年当年中国对斯里兰卡直接投资流量783万美元。截至2018年末,中国对斯里兰卡直接投资存量4.6亿美元。

【合作领域】除贷款业、典当、少于100万美元的零售贸易业及近海捕鱼业之外的所有经济领域。

(二)投资环境

【中斯关系】斯里兰卡1957年2月7日与中国正式建交。

【营商环境】在世界银行2019年10月24日发布的《2020年营商环境报告》中,斯里兰卡在190个经济体中排名第99位。

【全球竞争力】世界经济论坛在 2019 年 10 月 9 日发布《2019 年全球竞争力报告》,斯里兰卡在全球最具竞争力的 141 个国家和地区中排名第 84 位。

【重点/特色产业】斯里兰卡是一个以种植园经济为主的农业国家,渔业、林业和水力资源丰富。茶叶、橡胶和椰子是斯里兰卡农业经济收入的三大支柱。建筑业、采矿采石业、食品制造业和纺织服装业是斯里兰卡工业的四大支柱产业。旅游业、通信业发展迅速。轻工业落后,无重工业。

【商务成本】斯里兰卡人力资源丰富,且素质比较好。2018 年,斯里兰卡人均月工资 253 美元。

(三)中资企业投资合作情况

双方交流与合作涉及酒店、旅游、农产品加工、渔业、家具制造、纺织、饲料、生物质发电、自行车、仓储物流等领域。如表 3-4 所示。

表 3-4　在斯里兰卡中国公司经贸重点合作项目

公司名称	主要大型工程项目
招商局集团	投资汉班托塔港、科伦坡港南集装箱码头
中国交通建设集团有限公司	投资的科伦坡港口城
中航国际(香港)集团公司	投资的科伦坡三区公寓
中国冶金科工集团有限公司	承建斯里兰卡科伦坡 1 区地产综合开发项目
中天建设集团有限公司	承建 Horton Square 项目
中国水电建设集团国际工程有限公司	承建波鲁纳鲁沃地区农用工业及农业经济中心建设项目

数据来源:中国驻斯里兰卡大使馆经商参处。

斯里兰卡与浙江的经贸往来密切,例如正泰电器产业园,助力了斯里兰卡的绿色光伏能源建设。在人才交流方面也非常广泛,以中—斯联合科教中心为依托,建立了海洋环境实时观测网,为斯里兰卡近岸海洋灾害成因研究、气象预报以及航运保障提供支持。

第五节 阿富汗

(一)基本介绍

【国名】阿富汗伊斯兰共和国(The Islamic Republic of Afghanistan)。

【面积】约 64.75 万平方千米。

【人口】约 3680 万(截至 2019 年)。

【首都】喀布尔。

【时差】比北京时间晚 3.5 小时。

【气候】阿富汗属大陆性气候,四季分明,昼夜温差较大。全年干燥少雨,冬季寒冷,北部和东北部地区最低气温为－30℃以下。夏季炎热,东部城市贾拉拉巴德最高气温可达 49℃。

【官方语言】普什图语和达利语是官方语言。

【货币】阿富汗尼(1AFN＝0.088CNY,2019 年 10 月平均汇率)。

【经济】阿富汗是世界最不发达国家之一,在全球 190 个经济体中排名第 183 位,失业率超过 40%。交通、通信、工业、教育和农业基础设施落后,生产生活物资短缺,严重依赖外援,财政入不敷出。

【资源】阿富汗矿藏资源丰富,但基本未开发,被称为"躺在金矿上的穷人"。据阿富汗政府估测,阿富汗的能矿资源价值超过 3 万亿美元。

【双边贸易】据中国海关统计,2019 年 1—12 月,中阿贸易进出口额 43.45 亿元人民币,同比减少 4.7%。其中,中方对阿出口 41.42 亿元人民币,同比减少 5.9%;自阿进口 2.03 亿元人民币,同比增长 25.1%;中方贸易顺差 39.39 亿元人民币。

【对阿投资】据中国商务部统计,2018 年当年中国对阿富汗直接投资流量—16 万美元。截至 2018 年末,中国对阿富汗直接投资存量 4 亿美元。

【合作领域】在交通、通信、工业、教育和农业基础设施、电信、输变电线路、道路房屋建设等领域合作。

(二)投资环境

【中阿关系】阿富汗 1955 年 1 月 20 日与中国正式建交。2012 年,双方将两国关系提升为战略合作关系。

【营商环境】在世界银行 2019 年 10 月 24 日发布的《2020 年营商环境报告》中,阿富汗在 190 个经济体中排名第 173 位。

【全球竞争力】阿富汗未进入世界经济论坛 2019 年 10 月 9 日发布的《2019 年全球竞争力报告》排名中。

【重点/特色产业】农牧业是阿富汗国民经济支柱,但缺少现代化、高科技农业设施,粮食不能自给自足,每年需要国际援助或进口解决粮食短缺问题。其重点出口产品有藏红花和阿富汗手工地毯。多年战乱使阿富汗工业基础几近崩溃,缺少完整工业体系,以轻工业和手工业为主。服务业发展迅速,特别是金融、通信、物流业。

【商务成本】阿富汗水电供应紧张紧张。阿富汗普通劳动力过剩,没有统一的薪资标准。2018 年,阿富汗的人均月工资 600 美元。

(三)中资企业投资合作情况

截至 2019 年,在阿富汗有中资企业 14 家,双方在电信、输变电线路、道路房屋建设等领域有交流与合作。如表 3-5 所示。

表 3-5 在阿富汗中国公司经贸重点合作项目

公司名称	主要大型工程项目
中国中冶—江铜	埃纳克铜矿项目开发权
中石油—阿富汗瓦坦公司	北部阿姆达利亚油田开发项目
中国路桥公司	承建巴米扬—萨曼甘省公路改造与修复项目
中铁十四局	中国援阿富汗国家职业技术学院
新疆北新路桥公司	喀布尔—贾拉拉巴德公路修复与重建项目

数据来源：中国驻阿富汗大使馆经商参处。

阿富汗与浙江的经贸往来密切，中欧班列将浙江一些物美价廉的商品运往阿富汗，同时将阿富汗的地毯运往浙江。

第六节 尼泊尔

（一）基本介绍

【国名】尼泊尔（Nepal）。

【面积】约 14.72 万平方千米。

【人口】约 2930 万（截至 2017 年）。

【首都】加德满都。

【时差】比北京时间晚 2 小时 15 分。

【气候】尼泊尔只有两季，即雨季和旱季。

【官方语言】尼泊尔语为国语，英语为上层社会通用语。

【货币】尼泊尔卢比（1NPR＝0.088CNY，2019 年 10 月平均汇率）。

【经济】尼泊尔为农业国，经济落后，是联合国确定的 48 个最不发达国家之一。尼泊尔经济严重依赖外援，预算支出的 1/3 来自国外捐赠和贷款。

【资源】尼泊尔水电资源及旅游资源丰富。全国有 10 处联合国世界文化遗产和自然遗产。

【双边贸易】据中国海关统计,2019 年 1—12 月,中尼贸易进出口额 104.83 亿元人民币,同比增长 43.9%。其中,中方对尼出口 102.51 亿元人民币,同比增长 43.5%;自尼进口 2.32 亿元人民币,同比增长 60.2%;中方贸易顺差 100.19 亿元人民币。

【对尼投资】据中国商务部统计,2018 年当年中国对尼泊尔直接投资流量 0.5 亿美元。截至 2018 年末,中国对尼泊尔直接投资存量 3.7 亿美元。

【合作领域】在体育、文学、艺术、广播、科学、宗教、摄影、出版、教育等领域均有交流,还包括水电站、航空公司、建材、餐饮服务、中医诊所等领域。

(二)投资环境

【中尼关系】1955 年 8 月 1 日尼泊尔与中国正式建交。2009 年 12 月,两国关系提升为"世代友好的全面合作伙伴关系"。

【营商环境】在世界银行 2019 年 10 月 24 日发布的《2020 年营商环境报告》中,尼泊尔在 190 个经济体中排名第 94 位。

【全球竞争力】世界经济论坛在 2019 年 10 月 9 日发布《2019 年全球竞争力报告》,尼泊尔在全球最具竞争力的 141 个国家和地区中排名第 108 位。

【重点/特色产业】农业是尼泊尔的重要产业,农业人口占总人口约 80%;尼泊尔工业基础薄弱,规模较小,机械化水平低,发展缓慢;尼泊尔的旅游业发展迅速;水电开发仍是尼泊尔重点发展的领域之一。

【商务成本】尼泊尔旱季的时候缺水,平时也不是 24 小时供水,水电资源紧缺。2018 年,尼泊尔人均月工资 155 美元。

（三）中资企业投资合作情况

在尼泊尔投资的中资企业超过 100 家,主要集中在水电站、航空、餐饮、宾馆、矿产、中医诊所、食品加工等行业。如表 3-6 所示。

表 3-6　在尼泊尔中国公司经贸重点合作项目

公司名称	主要大型工程项目
中国水电建设集团海外投资有限公司	上马相迪 A 水电站
中国水利电力对外公司	上马蒂水电站
藏航与尼泊尔合资	喜马拉雅航空公司
四川华尼能源投资有限公司	投资的布特科西水电站
香港红狮水泥第三有限公司与尼方合作伙伴成立的合资公司	新型干法熟料水泥生产线及配套 12MW 纯低温余热发电项目
中铁隆工程有限公司	承建尼泊尔达朗至赫托达公路改造项目
重庆水轮机厂有限责任公司	承建尼泊尔 LANGTANG 电站
中国海外工程有限责任公司和中铁二局联合	承建尼泊尔巴瑞巴贝引水隧道项目

数据来源:中国驻尼泊尔大使馆经商参处。

尼泊尔与浙江的经贸往来密切,例如国网浙江电力配网规划和设计领域的排头兵浙江华云电力设计公司竞标成功国网浙江电力同尼泊尔电力局(NEA)配网降损规划咨询项目,开启了浙江电力服务尼泊尔电网提质增效的序幕,为尼泊尔民众带去稳定高效的电力资源。两国还在文化/医疗等领域开展合作,两国的留学生日益增多,中医药的传播也日趋增长,交流密切。

第七节 马尔代夫

（一）基本介绍

【国名】马尔代夫共和国(The Republic of Maldives)。

【面积】总面积约 9 万平方千米(含领海面积),陆地面积298 平方千米,共计 1192 个珊瑚岛组成,其中 198 个岛屿有人居住,其余为无人岛。

【人口】约 44 万(截至 2019 年)。

【首都】马累。

【时差】比北京时间晚 3 小时。

【气候】马尔代夫跨越赤道,具有明显的热带气候特征,大部分地区属热带季风气候,南部为热带雨林气候,终年炎热、潮湿、多雨,无四季之分,没有飓风、龙卷风,偶有暴风。马尔代夫年平均气温在 28℃ 左右。

【官方语言】官方语言为迪维希语,上层社会通用英语。

【货币】卢菲亚(1MVR＝0.4298CNY,2019 年 10 月平均汇率)。

【经济】马尔代夫为小型开放经济体,旅游业和渔业是该国特色产业。马尔代夫国内市场狭小,尽管资源贫乏和产业落后导致对进口严重依赖,但贸易规模有限。市场开放度较高,鼓励外国资金进入几乎所有领域。

【资源】马尔代夫拥有丰富的海洋资源,有各种热带鱼类及海龟、玳瑁、珊瑚、贝壳之类的海产品。

【双边贸易】据中国海关统计,2019 年 1—12 月,中马贸易进出口额 26.37 亿元人民币,同比增长 1.1％。其中,中方对马出口 24.06 亿元人民币,同比减少 7.5％;自马进口 2.31 亿元人民币,同比增长 3375％;中方贸易顺差 21.75 亿元人民币。

【对马投资】据中国商务部统计,2018 年当年中国对马尔代夫直接投资流量－155 万美元。截至 2018 年末,中国对马尔代夫直接投资存量 0.7 亿美元。

【合作领域】中马在基础设施、住房建设等领域合作深入发展。

(二)投资环境

【中马关系】马尔代夫 1972 年 10 月 14 日与中国正式建交。2014 年 9 月,双方将两国关系提升为全面友好合作伙伴关系。马尔代夫是继巴基斯坦后第二个与中国达成自贸协定的南亚国家。根据协定,中马两国间 95％以上的货物贸易产品将实现零关税。双方还就金融、医疗、旅游等服务部门做出市场开放承诺。

【营商环境】在世界银行 2019 年 10 月 24 日发布的《2020 年营商环境报告》中,马尔代夫在 190 个经济体中排名第 147 位。

【全球竞争力】马尔代夫未进入世界经济论坛 2019 年 10 月 9 日发布的《2019 年全球竞争力报告》排名中。

【重点/特色产业】马尔代夫是世界上第七大珊瑚礁覆盖的国家,阳光沙滩海,旅游资源丰富;渔业是马尔代夫的传统经济产业和基本唯一的本国商品出口产业,也是马尔代夫重要的外汇收入来源之一。马尔代夫渔业资源丰富,盛产金枪鱼、鲣鱼、鲛鱼、龙虾、海参、石斑鱼、鲨鱼、海龟和玳瑁等。当地水产品主要为黄鳍金枪鱼和鲣鱼,以及少量的珊瑚鱼类,尚未有水产养殖业,捕捞也受限制,出口量有限。马尔代夫基础产业短缺,无现代化的工业。土地贫瘠,农业十分落后。

【商务成本】马尔代夫劳动力资源短缺,但失业率很高,因没有工业,都依靠进口,商务成本偏高。2018 年,马尔代夫人均月工资 300 美元。

（三）中资企业投资合作情况

双方在交通、通信、基础设施建设、金融等领域开展密切合作，共同勘探和开采海上油气资源，进一步加强在农业、水产养殖、清真食品、卫生和基础建设等领域进行交流与合作。如表3-7 所示。

表 3-7　在马尔代夫中国公司经贸重点合作项目

公司名称	主要大型工程项目
中国建筑工程总公司	承建马尔代夫社会住房项目
中国机械设备工程股份有限公司	承建马尔代夫 1500 套住房项目（三期）
中建三局第一建设工程有限责任公司	承建马尔代夫胡鲁马累二期 3800 套住宅项目

数据来源：中国驻马尔代夫大使馆经商参处。

马尔代夫与浙江的经贸往来密切，除了进口浙江的商品以外，在旅游项目上也广泛合作。

第八节　不丹

（一）基本介绍

【国名】不丹王国(The Kingdom of Bhutan)。

【面积】约 3.8 万平方千米。

【人口】约 73.5 万(截至 2018 年)。

【首都】廷布。

【气候】不丹地势北高南低，南部属于亚热带气候，温润多雨。

【官方语言】不丹语"宗卡"为官方语言。

【货币】努扎姆(1BTN＝0.1019CNY，2019 年 10 月平均

汇率)。

【经济】不丹是最不发达的国家之一,主要依靠国际援助,却是幸福指数最高的国家之一。农业是不丹的支柱产业,目前第二、三产业发展较快。

【资源】不丹的矿产资源主要有白云石、石灰石、大理石、石墨、石膏、煤、铅、铜、锌等矿藏;水资源丰富,但仅开发了约1.5%。

【双边贸易】据中国海关统计,2019年1—12月,中不贸易进出口额0.7570亿元人民币,同比减少9.4%。其中,中方对不出口0.7538亿元人民币,同比减少9.7%;自不进口0.0032亿元人民币,同比增长467.6%;中方贸易顺差0.7506亿元人民币。

【对不投资】中国在不丹暂无直接投资。中国在不丹签订工程承包合同额1106万美元,完成营业额102万美元。

【合作领域】在农、林、旅游业、基础设施建设和水电项目上有合作。

(二)投资环境

【中不关系】不丹未与中国建交,但一直友好往来。

【营商环境】在世界银行2019年10月24日发布的《2020年营商环境报告》中,不丹在190个经济体中排名第89位。

【全球竞争力】不丹未进入世界经济论坛2019年10月9日发布的《2019年全球竞争力报告》排名中。

【重点/特色产业】不丹的农业是支柱产业,可耕地面积占国土面积的16%,畜牧养殖较普遍,有丰富的名木花草,盛产水果;不丹的电力行业正在逐渐成为另一个经济支柱;不丹的旅游业是外汇的重要来源之一。

【商务成本】不丹的水电资源丰富,价格合适,人力资源成本不高,但工业不发达。2018 年,不丹人均月工资 309 美元。

(三)中资企业投资合作情况

在工程承包项目上有交流与合作,但因为没有建交,官方平台只有统计的承包项目金额,并没有详细的内容。

第四章　西亚北非 16 国

第一节　沙特阿拉伯

（一）基本介绍

【国名】沙特阿拉伯王国(Kingdom of Saudi Arabia)。

【面积】约 225 万平方千米。

【人口】约 3255 万(截至 2019 年)。

【首都】利雅得。

【时差】比北京时间晚 5 小时。

【气候】沙特西部高原属地中海气候,其他地区属亚热带沙漠气候。夏季炎热干燥,最高气温 50℃以上;冬季气候温和。年平均降雨量不超过 200 毫米。

【官方语言】官方语言为阿拉伯语,商界通行英语。

【货币】沙特里亚尔(1SAR＝1.8565CNY,2019 年 10 月平均汇率)。

【经济】沙特是中东最大的经济体和消费市场,是世贸组织、石油输出国组织和二十国集团成员,沙特拥有丰富的油气资源,素有"石油王国"之称,石油储量和剩余可采量均居世界首位,石油产业为沙特贡献了 50％的 GDP、70％的财政收入、90％的外贸收入。目前沙特大力发展钢铁、炼铝、水泥、海水淡化、电力工业、农业和服务业等非石油产业,依赖石油的单一经济结构有所改观。

【资源】沙特石油剩余可采储量占世界储量的 26%,居世界首位;天然气剩余可采储量 8.2 万亿立方米,占世界储量的 4.1%,居世界第四位。沙特还有金、铜、铁、锡、铝、锌等矿藏。沙特是世界上最大的淡化海水生产国,其海水淡化量占世界总量的 20% 左右。

【双边贸易】据中国海关统计,2019 年 1—12 月,中沙贸易进出口额 5380.68 亿元人民币,同比增长 28.6%。其中,中方对沙出口 1644.49 亿元人民币,同比增长 43.1%;自沙进口 3736.19 亿元人民币,同比增加 23.1%;中方贸易逆差 2091.7 亿元人民币。

【对沙投资】据中国商务部统计,2018 年当年中国对沙特阿拉伯直接投资流量 3.8 亿美元。截至 2018 年末,中国对沙特阿拉伯直接投资存量 25.9 亿美元。

【合作领域】在通信、交通、银行、保险及零售业等领域开放投资合作。

(二)投资环境

【中沙关系】1990 年,沙特阿拉伯与中国正式建交。两国依托战略性友好关系不断深化,双边经贸合作实现了跨越式发展。

【营商环境】在世界银行 2019 年 10 月 24 日发布的《2020 年营商环境报告》中,沙特阿拉伯在 190 个经济体中排名第 62 位。

【全球竞争力】世界经济论坛在 2019 年 10 月 9 日发布《2019 年全球竞争力报告》,沙特阿拉伯在全球最具竞争力的 141 个国家和地区中排名第 36 位。

【重点/特色产业】石油和石化工业是沙特的经济命脉;近年来,沙特大力发展非油经济,努力推动经济转型和去石油化,主要发展钢铁、有色金属、建材、化工、工程机械、电力和房地产等行业。

【商务成本】沙特阿拉伯水电资源丰富,价格适中。非沙特籍劳工占 64%,主要来自印度、巴基斯坦、孟加拉国、菲律宾、埃及等国家。2018 年,沙特阿拉伯人均月工资 800 美元。

(三)中资企业投资合作情况

中资企业主要在石化、汽车、家电、物流、石油装备、清真食品等领域与沙特阿拉伯进行产业合作。如表 4-1 所示。

表 4-1 在沙特阿拉伯中国公司经贸重点合作项目

公司名称	主要大型工程项目
中石化集团	沙特 B 区块天然气勘探开发项目
中石化集团	沙特延布红海炼厂项目
华为技术有限公司	沙特阿拉伯电信
中石化中原石油工程有限公司	沙特钻修井项目
中国石化集团南京工程有限公司	沙特阿美 Fadhili 天然气处理项目
银川育成投资有限公司、广州开发区工业集团	吉赞工业城中沙工业园区建设

数据来源:中国驻沙特阿拉伯大使馆经商参处。

沙特阿拉伯与浙江的经贸往来密切,主要通过中欧班列进行货物往来。

第二节 阿联酋

(一)基本介绍

【国名】阿拉伯联合酋长国(The United Arab Emirates)。

【面积】约 8.36 万平方千米(包括沿海岛屿,境内无淡水河流或湖泊)。

【人口】约 912 万(截至 2019 年)。

【首都】阿布扎比。

【时差】比北京时间晚 4 小时。

【气候】阿联酋属热带沙漠气候,全年分为两季,热季和凉季。5 月至 10 月热季天气炎热潮湿,气温超过 40℃;11 月至次年 4 月为凉季,气候温和晴朗,气温一般在 7—20℃之间。

【官方语言】官方语言为阿拉伯语,通用英语。

【货币】迪拉姆(1AED＝1.836CNY,2019 年 10 月平均汇率)。

【经济】阿联酋是海湾地区第二大经济体和世界上最富裕的国家之一。石油产业是阿联酋的支柱产业,为减少对石油产业的依赖,降低石油价格波动对经济增长的影响,实现可持续发展,阿联酋致力于推行经济多元化政策,已逐步成为中东地区的金融、商贸、物流、旅游中心和商品集散地。

【资源】最重要的资源是石油和天然气,均位居世界第 7 位;水产资源丰富,沿海有珊瑚,盛产珍珠,还有着丰富的渔业资源,已发现鱼类和海洋生物 3000 多种;椰枣树属于当地特色物种资源。

【双边贸易】据中国海关统计,2019 年 1—12 月,中阿贸易进出口额 3357.57 亿元人民币,同比增长 10.7％。其中,中方对阿出口 2305.85 亿元人民币,同比增长 17.8％;自阿进口 1051.72亿元人民币,同比减少 2.3％;中方贸易顺差 1254.13 亿元人民币。

【对阿投资】据中国商务部统计,2018 年当年中国对阿联酋直接投资流量 10.8 美元。截至 2018 年末,中国对阿联酋直接投资存量 64.3 亿美元。

【合作领域】主要包括能源、钢铁、建材、建筑机械、五金、化工在内的一系列合作领域。

(二)投资环境

【中阿关系】阿联酋 1984 年 11 月与中国正式建交。2012年,双方将两国关系提升为战略伙伴关系。阿联酋积极响应中国"一带一路"倡议,并于 2015 年 3 月正式申请成为亚洲基础设施投资银行的创始成员国。

【营商环境】在世界银行 2019 年 10 月 24 日发布的《2020年营商环境报告》中,阿联酋在 190 个经济体中排名第 16 位。

【全球竞争力】世界经济论坛在 2019 年 10 月 9 日发布《2019 年全球竞争力报告》,阿联酋在全球最具竞争力的 141 个国家和地区中排名第 25 位。

【重点/特色产业】石油和天然气是阿联酋的重点特色产业;炼铝业是阿联酋主要非石油产业之一;水泥工业是阿联酋最古老的生产行业;阿联酋金融体系较为完善,已成为位列伦敦、纽约、新加坡、中国香港、法兰克福之后的全球第六大金融中心;阿联酋现为海湾六国中第二大药品生产国;阿联酋拥有塑料产业中全球最大的单一地点综合性聚烯烃生产基地;纺织服装业占阿联酋国内生产总值的 10%,为第二大出口产业;阿联酋的转口贸易也比较突出,迪拜港是继新加坡与香港之后的全球第三大转口中心;目前,阿联酋正着力推动石化冶金、加工制造、新能源、金融、旅游等产业的发展。

【商务成本】阿联酋基础设施完善。2018 年,阿联酋人均月工资 5557 美元。

(三)中资企业投资合作情况

有超过 3000 家中国企业在阿联酋开拓当地和地区业务,近 30 万中国人在此工作和生活,阿联酋已成为中国在阿拉伯地区第一大出口目的国和第二大贸易伙伴。中资企业主要在阿联酋油气、新能源、基础设施建设、通信、金融、贸易等领域开展合作,并积极开拓核电、航天、人工智能、无人驾驶等阿联酋新兴高科技市场。如表4-2所示。

表 4-2　在阿联酋中国公司经贸重点合作项目

公司名称	主要大型工程项目
中国石油工程建设有限公司	巴布综合设施项目
中国化学工程第七建设有限公司	世博村开发项目
中国机械进出口(集团)有限公司	阿联酋纸厂项目
中国石油工程建设有限公司	战略油气管道线路项目;曼德和巴布两个大型油田服务项目
华为阿联酋分公司	全面网络改造、先进网络技术研发合作
阿里巴巴	阿里云数据中心项目

数据来源:中国驻阿联酋大使馆经商参处。

　　阿联酋与浙江的经贸往来密切,例如浙江金华浦江葡萄出口阿联酋,其2018年出口金额是2017年的183.9%;中国跨境电商浙江执御信息技术有限公司在阿联酋获得首个该行业的执照。除此之外,还有演出、文化等方面的广泛交流。

第三节　阿曼

(一)基本介绍

【国名】阿曼苏丹国(The Sultanate of Oman),简称阿曼。

【面积】约30.95万平方千米。

【人口】约465.9万(截至2018年)。

【首都】马斯喀特。

【时差】比北京时间晚4小时。

【气候】除东北部山地外,均属热带沙漠气候,但各地略有差异,海岸地区炎热潮湿,内陆地区炎热干燥,而部分山区则较凉爽。全年气候分两季,热季和凉季。

【官方语言】官方语言为阿拉伯语,通用英语。

【货币】阿曼里亚尔(1 OMR＝17.977CNY,2019 年 10 月平均汇率)。

【经济】阿曼是典型的资源输出型国家,原油和天然气产业是国民经济的支柱,产值占国内生产总值近 30%,出口收入在政府财政收入中的占比近 70%。近年来,阿曼全力推进经济多元化战略,大力优化引资环境,积极打造制造、物流、旅游、矿业、渔业等五大非油气产业,努力改变过度依赖油气产业的单一经济结构。

【资源】阿曼石油和天然气储量丰富;渔业资源广,阿曼海域有 1000 多种海洋生物,海岸沿线共设有 23 个渔港,主要产沙丁鱼、金枪鱼、石斑鱼、马鲛鱼、墨鱼、带鱼、对虾、龙虾等;矿产资源有铜、铬、铁、锰、镁、煤矿等,尚未进行精确勘探和深度利用。

【双边贸易】据中国海关统计,2019 年 1—12 月,中阿贸易进出口额 1556.71 亿元人民币,同比增长 8.3%。其中,中方对阿出口 208.29 亿元人民币,同比增长 10.7%;自阿进口 1348.41亿元人民币,同比增长 7.9%;中方贸易逆差 1140.12 亿元人民币。

【对阿投资】据中国商务部统计,2018 年当年中国对阿曼直接投资流量 0.5 亿美元。截至 2018 年末,中国对阿曼直接投资存量 1.5 亿美元。

【合作领域】涉及能源、电信、基础设施、渔业和商业等众多领域。

(二)投资环境

【中阿关系】阿曼 1978 年 5 月 25 日与中国正式建交,建立中阿战略伙伴关系。中国提出"一带一路"倡议之后,阿曼予以积极响应,并于 2014 年 10 月作为首批意向创始成员国之一,签署了建立亚洲基础设施投资银行的谅解备忘录。

【营商环境】在世界银行 2019 年 10 月 24 日发布的《2020年营商环境报告》中,阿曼在 190 个经济体中排名第 68 位。

【全球竞争力】世界经济论坛在 2019 年 10 月 9 日发布《2019 年全球竞争力报告》,阿曼在全球最具竞争力的 141 个国家和地区中排名第 53 位。

【重点/特色产业】阿曼原油和天然气产业是国民经济的支柱,产值占国内生产总值近 30%,出口收入在政府财政收入中的占比近 70%;旅游业是阿曼"坦菲兹"计划重点发展行业之一。

【商务成本】生活便利,基础设施良好。阿曼具有工作经验和较高能力的专业技术人才和管理人才不多,这类人士对薪金水平的要求很高。大多阿曼人不愿从事脏、苦、累的纯体力工作。2018 年,阿曼人均月工资 910 美元。

(三)中资企业投资合作情况

在基础设施方面,中资公司先后承建了高等级公路、污水管线、独立电厂、水泥厂等大型工程。同时,民营企业积极开拓阿曼市场,投资了石油管材、建材、包装、零售等行业的项目。如表 4-3 所示。

表 4-3　在阿曼中国公司经贸重点合作项目

公司名称	主要大型工程项目
中阿万方投资管理有限公司	中阿(杜库姆)产业园
江苏常宝钢管股份有限公司	油井管加工线

续 表

公司名称	主要大型工程项目
沈阳华氏食品饮料有限公司	设立阿曼塑料有限公司,建设饮料包装厂
河南正佳能源环保股份有限公司	建设聚合物工厂
山东电力建设第三工程有限公司	承建阿曼苏赫独立电站项目
中国石油集团东方地球物理勘探有限责任公司	承建阿曼 2017 年 PDO 公司 6 区块延期项目
华为技术有限公司	承建阿曼电信

数据来源:中国驻阿曼大使馆经商参处。

阿曼与浙江的经贸往来密切,例如浙能迈领科技有限公司尝试蓝海领域,承接阿曼海船做脱硫改造的项目。同时,浙江省海港集团、杭州锦江集团等企业在阿曼进行智能制造、能源开发等领域的合作。

第四节 伊朗

(一)基本介绍

【国名】伊朗伊斯兰共和国(The Islamic Republic of Iran),简称伊朗。

【面积】约 164.5 万平方千米。

【人口】约 8202.1 万(截至 2019 年)。

【首都】德黑兰。

【时差】比北京时间晚 3.5 小时。

【气候】伊朗气候四季分明。北部夏季较为凉爽,冬季较为寒冷;南部夏季炎热,冬季温暖。

【官方语言】官方语言为波斯语。

【货币】里亚尔(1IRR = 0.0002CNY,2019 年 10 月平均汇率)。

【经济】伊朗是亚洲主要经济体之一。伊朗的经济实力位居亚洲第七位(次于中、日、印、韩、印尼、沙特)。经济以石油开采业为主,伊朗的石油化工、钢铁、汽车制造业也比较发达,电子工业、核工业、计算机软硬件业发展很快。伊朗盛产石油,是世界第四大石油生产国、OPEC 第二大石油输出国。石油是伊经济命脉和外汇收入的主要来源之一,石油收入占伊外汇总收入的一半以上。

【资源】伊朗探明石油储量居世界第 4 位;探明天然气储量位居世界第 2;已探明矿藏种类 68 类,居世界第 15 位。

【双边贸易】据中国海关统计,2019 年 1—12 月,中伊贸易进出口额 1581.3 亿元人民币,同比减少 31.2%。其中,中方对伊出口 660.63 亿元人民币,同比减少 27.6%;自伊进口920.66亿元人民币,同比减少 33.5%;中方贸易逆差 260.03 亿元人民币。

【对伊投资】据中国商务部统计,2018 年当年中国对伊朗直接投资流量-5.6 亿美元。截至 2018 年末,中国对伊朗直接投资存量 32.3 亿美元。

【合作领域】涉及领域包括油气开发、高铁、地铁、钢铁有色、电力、化工、矿业、通信、汽车、摩托车、家电组装等。

(二)投资环境

【中伊关系】伊朗 1971 年 8 月 16 日与中国正式建交。

【营商环境】在世界银行 2019 年 10 月 24 日发布的《2020年营商环境报告》中,伊朗在 190 个经济体中排名第 127 位。

【全球竞争力】世界经济论坛在 2019 年 10 月 9 日发布《2019 年全球竞争力报告》,伊朗在全球最具竞争力的 141 个国家和地区中排名第 99 位。

【重点/特色产业】伊朗油气资源丰富,天然气与石油探明储量分别位列世界第 1 位与第 4 位;伊朗工矿业包括矿产开发、制造业、水电气供应和建筑业,以石油勘探开发为主;伊朗汽车行业发展势头强劲;伊朗具有 5000 多年的文明史,历史遗迹众多,旅游资源丰富;伊朗还是传统农牧业国家,农业及农产品外贸在国民经济和非油贸易中占重要地位,伊朗藏红花是特色农产品。

【商务成本】伊朗水电气价格适中,基础设施较完备。2018年,伊朗人均月工资 463.99 美元。

(三)中资企业投资合作情况

伊朗有十大产业对投资有重大吸引力,分别是炼化和石化产业、可再生能源产业、食品加工产业、旅游业、药品及医疗器械制造产业、废物循环及回收利用产业、工业设备制造、电子设备制造、现代农业和服务业。如表 4-4 所示。

表 4-4 在伊朗中国公司经贸重点合作项目

公司名称	主要大型工程项目
中铁电气化局集团有限公司	承建德黑兰—库姆—伊斯法罕高速铁路项目
中国能源建设集团广东省电力设计研究院有限公司	承建伊朗 Saveh1200 MW + 600 MW 燃气联合循环电站项目
中铁二局集团有限公司	承建伊朗德伊高铁项目
奇瑞公司等	中伊汽车工业园

数据来源:中国驻伊朗大使馆经商参处。

伊朗与浙江的经贸往来密切,例如,浙江积极推进国际港航物流枢纽建设,开通了去往伊朗的义新欧班列。此外,浙江温州的正泰电器也参与了伊朗的电网建设项目等。

第五节 土耳其

（一）基本介绍

【国名】土耳其共和国(Republic of Turkey)，简称土耳其。

【面积】国土面积约 78.36 万平方千米，其中 97% 位于亚洲的小亚细亚半岛（又称安纳托利亚半岛），3% 位于欧洲的巴尔干半岛。

【人口】约 8200 万（截至 2018 年）。

【首都】安卡拉。

【时差】比北京时间晚 5 小时。

【气候】土耳其西部及南部沿海地区属典型的地中海型气候，夏季炎热、少雨，冬季则温和、多雨。北部沿海地区终年温和、多雨。中部和东部等非沿海地区为大陆型高原气候，夏季炎热、干燥，冬季寒冷、多雨，温差较大。

【官方语言】官方语言为土耳其语。

【货币】土耳其里拉(1TRY＝1.1775CNY，2019 年 10 月平均汇率)。

【经济】土耳其是继中国、俄罗斯、印度、巴西和南非等"金砖国家"之后又一蓬勃发展的新兴经济体，在国际社会享有"新钻国家"的美誉。土耳其经济发展迅速，投资环境良好。2017 年，土耳其成为经济合作与发展组织和二十国集团成员中发展最迅速的经济体之一。区位优势凸显：土耳其处于亚洲、欧洲、非洲三大洲的交界处，已成为货物、服务、人员、资金、技术的集散地。

【资源】土耳其矿产资源丰富，主要有天然石、大理石、硼矿、铬、钍和煤等。其中，天然石和大理石储量占世界 40%，品种数量均居世界第一。土耳其河流、森林资源也很丰富。有 60% 的国土适于农业耕种。

【双边贸易】据中国海关统计,2019 年 1—12 月,中土贸易进出口额 1435.42 亿元人民币,同比增长 1.6%。其中,中方对土出口 1194.4 亿元人民币,同比增长 2.5%;自土进口 241.02 亿元人民币,同比减少 2.7%;中方贸易顺差 953.38 亿元人民币。

【对土投资】据中国商务部统计,2018 年当年中国对土耳其直接投资流量 3.5 亿美元。截至 2018 年末,中国对土耳其直接投资存量 17.3 亿美元。

【合作领域】有矿业、农业、制造业、交通、能源、电信、金融等行业。

(二)投资环境

【中土关系】土耳其 1971 年 8 月 4 日与中国正式建交。土耳其是与中国共建"丝绸之路经济带"和"21 世纪海上丝绸之路"的重要合作伙伴。

【营商环境】在世界银行 2019 年 10 月 24 日发布的《2020 年营商环境报告》中,土耳其在 190 个经济体中排名第 33 位。

【全球竞争力】世界经济论坛在 2019 年 10 月 9 日发布《2019 年全球竞争力报告》,土耳其在全球最具竞争力的 141 个国家和地区中排名第 61 位。

【重点/特色产业】土耳其纺织和服装业的技术水平居世界领先地位。地毯、家纺家居产品、皮革制品、T 恤衫和套头衫是土耳其纺织和服装业最独具特色也是最重要的产品门类。土耳其是世界第八大纺织和服装出口国。汽车业正在逐步取代纺织业成为土耳其新的龙头产业。土耳其是世界第十四大汽车制造国。土耳其是世界第七大农业产区和第九大农产品生产国,拥有较好的农业基础,粮棉油糖等主要农产品基本实现自给自足。产量较大的农产品有烟草、棉花、稻谷、橄榄、甜菜、柑橘、牲畜等,同时还是无花果干、榛子、小葡萄干/提子干、杏脯和蜂蜜的主要生产国。旅游业是土耳其外汇收入重要来源之一。土耳其已成为世界第八大和欧洲地区第二大钢铁生产国。土耳其是全球主要的建材生产国和出口国之一,主要产品包括建筑钢材、水泥、陶瓷和玻璃制品。土耳其是世界第七大和欧洲地区第二大塑料生产国,也是欧洲地区第五大涂料生产国。机械制造是土耳其经济主要增长动力之一,吸引外国直接投资的重要领域。土耳其为全球第五大船舶制造国。

【商务成本】土耳其基础设施完善,劳动力供应十分充足,劳动力素质较好。2018 年,土耳其人均月工资 441.2 美元。

(三)中资企业投资合作情况

中国企业在土耳其开展投资合作主要集中在电信、金融、交通、能源、采矿、制造、农业等领域,其中在能源领域的竞争较为激烈。如表 4-5 所示。

表 4-5　在土耳其中国公司经贸重点合作项目

公司名称	主要大型工程项目
华为技术有限公司	承建土耳其电信
中石化胜利石油工程有限公司	承建 Geo2E 地热发电项目生产井回灌井钻井施工总包工程
江苏鹏飞集团股份有限公司	承建 2500TPD 水泥厂生产线项目
中电电气(南京)光伏有限公司	光伏电池项目
中国中车股份有限公司	轨道交通项目
重庆力帆集团	新能源项目
新希望集团	饲料相关上下游产业
中国海南航空集团、中国南方航空集团、中国国际航空集团	航空运输、航线等项目
中国工商银行、中国银行、中国国家开发银行	金融服务项目

数据来源:中国驻土耳其大使馆经商参处。

土耳其与浙江的经贸往来密切,浙江通过举办浙江国际贸易(土耳其)展览会,将浙江优质的产品带到土耳其,加强两国合作。另外,还有中国能建浙江火电承建的土耳其卡拉毕加电厂建设项目等。

第六节　以色列

(一)基本介绍

【国名】以色列国(The State of Israel),简称以色列。

【面积】约2.5平方千米。

【人口】约909.2万(截至2019年)。

【首都】耶路撒冷。

【时差】比北京时间晚6小时。

【气候】地中海气候,夏季炎热干燥,冬季温和湿润。一年之中,只有两个差别显著的季节:从4月到10月为干旱夏季,11月至次年3月为多雨冬季。

【官方语言】官方语言为希伯来语,并通用英语。

【货币】新谢克尔(1ILS=1.9903CNY,2019年10月平均汇率)。

【经济】以色列属混合型经济,工业化程度较高,以知识密集型产业为主,高附加值农业、生化、电子、军工等部门技术水平较高。以色列总体经济实力较强,竞争力居世界前列。生活水平与大多数西欧国家相仿,高于西班牙、葡萄牙和希腊等欧盟成员国。

【资源】以色列自然资源比较贫乏,主要资源是死海中含有的较丰富的钾盐、镁和锰等矿产;动植物资源丰富,水资源匮乏。

【双边贸易】据中国海关统计,2019年1—12月,中以贸易进出口额 1019.3 亿元人民币,同比增长 11.5%。其中,中方对以出口 663.03 亿元人民币,同比增长 8.6%;自以进口 356.26 亿人民币,同比增长 17.3%;中方贸易顺差 306.77 亿元人民币。

【对以投资】据中国商务部统计,2018 年当年中国对以色列直接投资流量 4.1 亿美元。截至 2018 年末,中国对以色列直接投资存量 46.1 亿美元。

【合作领域】主要在医疗、农业、电信、能源与电力、工业、水处理、社会和经济基础设施等社会经济发展领域的项目进行合作。

(二)投资环境

【中以关系】以色列 1992 年 1 月 24 日与中国正式建交。2017 年 3 月,双方将两国关系提升为创新全面伙伴关系。

【营商环境】在世界银行 2019 年 10 月 24 日发布的《2020 年营商环境报告》中,以色列在 190 个经济体中排名第 35 位。

【全球竞争力】世界经济论坛在 2019 年 10 月 9 日发布《2019 年全球竞争力报告》,以色列在全球最具竞争力的 141 个国家和地区中排名第 20 位。

【重点/特色产业】以色列自然环境恶劣,但农业发达,享有欧洲"冬季厨房"的美誉;以色列农业科技含量很高,其滴灌设备、新品种开发举世闻名;以色列的制造业淘汰劳动密集型的产业,积极发展技术密集型的产业,例如机械制造、军工、飞机制造、化工、电子和通信设备、精密仪器和医用激光器材、太阳能利用、建材、纺织、造纸、钻石加工等;目前,以色列有 100 多家公司拥有较为成熟的开发利用可再生能源的先进技术,涉及太阳能、风能、地热、生物燃料、海浪能源、核能等门类较为齐全的新能源领域,并在太阳能、地热技术等方面居全球领先地位;

生物技术产业综合实力全球领先；其高科技研发投入占国民生产总值的比重居世界第三，仅次于日本和瑞士；以色列信息通信产业发达，是该国处于前沿的高科技行业之一；以色列是世界上利用循环水最多的国家，水的循环利用率达到 75％，拥有全球最大的反渗透海水淡化厂；以色列是世界上最主要的宝石级钻石加工和交易中心之一，钻石是以色列最重要的出口商品之一，占全部工业品出口的 1/4 以上；旅游业在以色列经济中占有重要的地位，其地形地貌和海岸线都吸引着世界各地的游客。

【商务成本】以色列水资源缺乏，水电成本高，人力资源丰富且素质高。2018 年，以色列人均月工资 1800 美元。

（三）中资企业投资合作情况

双方在水利、基建等领域开展密切合作。如表 4-6 所示。

表 4-6 在以色列中国公司经贸重点合作项目

公司名称	主要大型工程项目
中国水利水电第五工程局有限公司	承建以色列克卡夫哈亚邓抽蓄电站
中国土木工程集团有限公司	承建特拉维夫红线轻轨运营维护项目
中国港湾工程有限责任公司	承建以色列 Ashdod 港口项目

数据来源：中国驻以色列大使馆经商参处。

以色列与浙江的经贸往来密切，其中，浙江的首个中医药国家级项目就落地以色列，是浙江省中医院与以色列 MACABI 中医、益年堂诊疗中心等机构合作的"中国—以色列中医药中心"建设项目。同时，阿里巴巴集团已在以色列开展了云服务、大数据贸易等项目。

第七节 埃及

（一）基本介绍

【国名】阿拉伯埃及共和国（The Arab Republic of Egypt），简称埃及。

【面积】约 100.1 万平方千米，94％为沙漠。

【人口】约 9630 万（截至 2019 年）。

【首都】开罗。

【时差】比北京时间晚 6 小时。

【气候】埃及全境干燥少雨，尼罗河三角洲和北部沿海地区属亚热带地中海型气候，其余大部分地区属热带沙漠气候。

【官方语言】官方语言为阿拉伯语，英语也是通用语。

【货币】埃及镑（1EGP＝0.4340CNY，2019 年 10 月平均汇率）。

【经济】埃及属开放型市场经济，拥有相对完整的工业、农业和服务业体系。服务业约占国内生产总值 50％。工业以纺织、食品加工等轻工业为主。2011 年初以来的埃及动荡局势对国民经济造成严重冲击。埃及政府采取措施恢复生产，增收节支，吸引外资，改善民生，多方寻求国际支持与援助，以渡过经济困难。石油天然气、旅游、侨汇和苏伊士运河是四大外汇收入来源。

【资源】埃及已探明石油储量 48 亿桶，天然气 3.2 万亿立方米。另外，已探明磷酸盐约 70 亿吨，铁矿 6000 万吨。埃及属于缺水国家，人均用水量没有达到联合国标准，埃及正在积极采取循环用水的措施。

【双边贸易】据中国海关统计，2019 年 1—12 月，中埃贸易进出口额 910.1 亿元人民币，同比减少 0.3％。其中，中方对埃出口 841.52 亿元人民币,同比增长 6.3%;自埃进口 68.57 亿元人民币,同比减少 43.6%;中方贸易顺差 772.95 亿元人民币。

【对埃投资】据中国商务部统计,2018 年当年中国对埃及直接投资流量 2.2 亿美元。截至 2018 年末,中国对埃及直接投资存量 10.7 亿美元。

【合作领域】在贸易平衡、工业、投资、能源电力、铁路交通、港口物流、航天科技等众多领域推动优势互补和产业衔接。

(二)投资环境

【中埃关系】埃及 1956 年 5 月与中国正式建交。2014 年 12 月,双方将两国关系提升为全面伙伴关系。埃及不仅是第一个与新中国建交,也是首个与中国建立战略合作关系的阿拉伯和非洲国家。

【营商环境】在世界银行 2019 年 10 月 24 日发布的《2020 年营商环境报告》中,埃及在 190 个经济体中排名第 114 位。

【全球竞争力】世界经济论坛在 2019 年 10 月 9 日发布《2019 年全球竞争力报告》,埃及在全球最具竞争力的 141 个国家和地区中排名第 93 位。

【重点/特色产业】埃及是非洲地区重要的石油和天然气生产国,埃及石油和天然气探明储量分别位居非洲国家的第六位和第三位;埃及炼油能力居非洲大陆首位;埃及有非洲最大的棉花和纺织工业集群,产业链较完整;埃及电网是北非、中东电网的枢纽和重要组成部分;埃及电信行业近几年发展较快;埃及农产品是其出口创汇的主要来源之一,以果蔬为主;埃及是非洲第二大生铁生产国,占非洲生铁总产量的 10%。钢铁行业为埃及支柱产业;埃及作为文明古国,灿烂的文化吸引了很多海内外游客,因此旅游业也在不断兴起。

【商务成本】基础设施完善,人力资源丰富,价格有竞争力。2018 年,埃及人均月工资 250 美元。

(三)中资企业投资合作情况

在埃及石油石化行业的中资企业已有近 20 家,涵盖石油石化全产业链,涉及勘探开发、石油工程服务、装备制造、物资贸易和炼化工程等领域。埃及油气产业链的上游环节高度对外开放,油气投资环境良好。如表 4-7 所示。

表 4-7　在埃及中国公司经贸重点合作项目

公司名称	主要大型工程项目
中萨钻井公司	陆地、海洋钻井,修井工程服务,钻机设备贸易
北方石油国际有限公司	油气勘探开发及生产
埃及泰达投资公司/埃及泰达特区开发公司	工业区开发、建设、运营和管理
巨石埃及玻璃纤维股份有限公司	生产销售玻璃纤维制品
华为技术埃及有限公司	通信设备、信息技术产品和相关服务
西电 EGEMAC 高压电气有限责任公司	高压开关、变压器、电容器、避雷器等输变电产品的制造、销售和服务业务
安琪酵母(埃及)有限公司	干酵母、烘焙粉、生物化肥
新希望埃及有限公司	养殖和饲料加工
美的开利埃及合资公司	家用电器制造

数据来源:中国驻埃及大使馆经商参处。

埃及与浙江的经贸往来密切,例如浙江嘉兴桐乡的巨石集团在埃及投资的国际产能合作项目是埃及最大的产能投资项目,该项目有效推动了上游物流运输、矿产开发和包装材料制造等产业的发展,以及下游玻纤织物、风力发电等复合材料应用产业的快速发展。另外,埃及还增设了从埃及开罗直达杭州萧山的航线,宁波舟山港也增设了开往埃及的航线。

第八节 科威特

(一)基本介绍

【国名】科威特国(The State of Kuwait),简称科威特。

【面积】约1.8万平方千米。

【人口】约443万(截至2019年)。

【首都】科威特城。

【时差】比北京时间晚5小时。

【气候】科威特属热带沙漠气候,夏季长且炎热干燥,冬季短且湿润多雨。

【官方语言】阿拉伯语为科威特官方语言,英语为通用语言。

【货币】第纳尔(1KWD=22.6722CNY,2019年10月平均汇率)。

【经济】科威特是石油输出国组织成员,不仅资源丰富,而且政局稳定、法制健全,市场需求较大,主权信用较高,开放水平居该地区前列,对外国投资者有较强的吸引力。政府在重点发展石油、石化工业的同时,强调发展多种经济,减轻对石油的依赖程度,并不断增加对外投资和吸引外资规模,促进私营部门参与经济活动。

【资源】科威特石油和天然气储量丰富。现已探明的石油储量为140亿吨,占世界储量的10%,居世界第7位。天然气储量为1.78万亿立方米,占世界储量的1.1%,居世界第18位。

【双边贸易】据中国海关统计,2019年1—12月,中科贸易进出口额 1189.74 亿元人民币,同比减少 3.4%。其中,中方对科出口 264.35 亿元人民币,同比增长 20.9%;自科进口925.38亿元人民币,同比减少 8.6%;中方贸易逆差 661.03 亿元人民币。中科两国经济具有互补性,这为双方在"一带一路"框架下合作提供了契合点。首先,科威特经济总体上以石油、天然气和石化工业为主,而中国原油有进口需求;其次,科威特的生产生活资料大多依靠进口,而价优物美、实用可靠的中国产品在科有很大市场和发展空间;再次,科威特在油田勘探及基础设施建设等方面的工程承包项目需求量大,而中国企业正好具备经验和实力;最后,在移动通信领域,科威特政府正推动高速互联网服务和智能城市建设,中国企业也有技术优势和成功经验。目前,中国是科威特的非油类最大贸易伙伴,而科威特是中国第八大原油进口来源国。

【对科投资】据中国商务部统计,2018 年当年中国对科威特直接投资流量 1.9 亿美元。截至 2018 年末,中国对科威特直接投资存量 10.9 亿美元。

【合作领域】两国在贸易投资、承包工程、能源、通信、基础设施、金融等领域合作。

（二）投资环境

【中科关系】科威特 1971 年 3 月 22 日与中国正式建交,是第一个与新中国建交的海湾阿拉伯国家,双边关系传统友好。科威特高度评价并积极响应中国提出的共建"丝绸之路经济带"和"21 世纪海上丝绸之路"倡议,是第一个与中国签署共建"一带一路"合作文件的国家。科威特还是中国发起成立的亚洲基础设施投资银行的创始成员国之一。

【营商环境】在世界银行 2019 年 10 月 24 日发布的《2020年营商环境报告》中,科威特在 190 个经济体中排名第 83 位。

【全球竞争力】世界经济论坛在 2019 年 10 月 9 日发布《2019 年全球竞争力报告》,科威特在全球最具竞争力的 141 个国家和地区中排名第 46 位。

【重点/特色产业】石油、天然气工业是科威特国民经济的主要支柱,工业以石油开采、炼化和石油化工为主。政府重视农渔业发展,渔业资源丰富,盛产大虾、石斑鱼和黄花鱼。年产量在 1 万吨左右,产值约 1300 万科威特第纳尔。

【商务成本】科威特基础设施完善,劳动力丰富且廉价。2018 年,科威特人均月工资 208 美元。

(三)中资企业投资合作情况

双方在双边贸易、金融、基础设施、教育、卫生、农业和环保等领域开展合作投资。如表 4-8 所示。

表 4-8　在科威特中国公司经贸重点合作项目

公司名称	主要大型工程项目
中国葛洲坝集团股份有限公司	承建科威特南穆塔拉城基础设施建设项目
中国冶金科工集团有限公司	承建科威特医保医院项目
中石化第五建设有限公司	承建科威特 AL ZOUR 新炼厂
中建中东公司	承建科威特中央银行新总部大楼项目
华为技术投资公司	通讯技术项目
中石化国际工程公司	53 台钻井项目
中国电线电缆公司	电线电缆工程
葛洲坝股份公司	南穆塔拉住房基础设施建设项目
北京江河玻璃幕墙公司	玻璃幕墙项目
中兴通讯公司	通信服务项目

数据来源:中国驻科威特大使馆经商参处。

科威特与浙江的经贸往来密切,浙江乐清华仪集团旗下公司浙江一清环保工程有限公司承接了科威特子弹厂项目工程的 Wet Scrubber 子项目,参与科威特的环保工作。

第九节 伊拉克

(一)基本介绍

【国名】伊拉克共和国(The Republic Of Iraq),简称伊拉克。

【面积】约 43.83 万平方千米。

【人口】约 3800 万(截至 2018 年)。

【首都】巴格达。

【时差】比北京时间晚 5 小时。

【气候】伊拉克东北部山区属地中海气候,其他地区为热带沙漠气候。

【官方语言】伊拉克官方语言为阿拉伯语和库尔德语。

【货币】伊拉克第纳尔(1IQD＝0.0058CNY,2019 年 10 月平均汇率)。

【经济】伊拉克的石油工业是其经济支柱。安全形势动荡、基础设施落后、法律及金融体系不完善是阻碍伊拉克吸引外商投资的原因。

【资源】石油探明储量约占世界总储量的 9％,居世界第 5 位。天然气探明储量 3.6 万亿立方米,占世界总储量的 1.7％,居世界第 12 位。

【双边贸易】据中国海关统计,2019 年 1—12 月,中伊贸易进出口额 2299.65 亿元人民币,同比增长 14.3％。其中,中方对伊出口 652.35 亿元人民币,同比增长 25.1％;自伊进口 1647.29 亿元人民币,同比增长 10.5％;中方贸易逆差 994.94

亿元人民币。伊拉克是中国在西亚北非地区的第三大贸易伙伴,中国是伊拉克最大贸易伙伴。

【对伊投资】据中国商务部统计,2018 年当年中国对伊拉克直接投资流量 773 万美元。截至 2018 年末,中国对伊拉克直接投资存量 5.9 亿美元。

【合作领域】电力、市政基础设施、交通运输、农业、通信等领域合作。

(二)投资环境

【中伊关系】伊拉克 1958 年与中国正式建交。2015 年 12 月,双方将两国关系提升为战略伙伴关系。

【营商环境】在世界银行 2019 年 10 月 24 日发布《2020 年营商环境报告》,伊拉克在 190 个经济体中排名第 172 位。

【全球竞争力】伊拉克未进入世界经济论坛 2019 年 10 月 9 日发布的《2019 年全球竞争力报告》排名中。

【重点/特色产业】石油开采、提炼和天然气开采,为伊拉克支柱产业;农牧业在国民经济中占有重要地位,主要农产品有小麦、黑麦、大麦、稻米、棉花、烟草、温带水果与椰枣等。农业人口占全国总人口的 1/3,粮食不能自给;伊拉克的旅游业兴盛,有古代世界七大奇迹之一的世界著名的巴比伦古城遗址。

【商务成本】伊拉克劳动力素质不高,失业率高,商务成本偏高。2018 年,伊拉克人均月工资 558 美元。

(三)中资企业投资合作情况

在伊主要中资企业有中石油、中海油、绿洲石油公司、上海电气、天津电建、苏州中材、中建材、中国交通建设、葛洲坝、中地国际、中曼石油、中设集团、华为、中兴通讯和上海杰溪等 30 余家。主要从事油田开发、电力建设、基础设施建设、通信和建材等行业。如表 4-9 所示。

表 4-9　在伊拉克中国公司经贸重点合作项目

公司名称	主要大型工程项目
中国水电建设集团国际工程有限公司	承建伊拉克鲁迈拉电站项目三期和鲁迈拉电站项目四期
中国石油工程建设有限公司	承建哈法亚 CPF3 及配套设施项目
中国石油集团渤海钻探工程有限公司	承建伊拉克钻井及技术服务项目

数据来源：中国驻伊拉克大使馆经商参处。

伊拉克与浙江的经贸往来主要是通过中欧班列进行两国之间的货物往来。

第十节　卡塔尔

（一）基本介绍

【国名】卡塔尔国(The State of Qatar)，简称卡塔尔。

【面积】约 1.1 万平方千米。

【人口】约 264 万(截至 2018 年)。

【首都】多哈。

【时差】比北京时间晚 5 小时。

【气候】卡塔尔属热带沙漠气候，全年分夏、冬两季。

【官方语言】阿拉伯语为官方语言，英语在当地使用广泛。

【货币】卡塔尔里亚尔(1QAR＝0.4298CNY，2019 年 10 月平均汇率)。

【经济】卡塔尔拥有丰富的原油及天然气资源，能源出口收入高，对外资虽有需求，但并不过分依赖。此外，卡塔尔国土小、人口少，市场容量相对有限。卡塔尔投资环境吸引力主要体现在政治稳定、支付能力较强、社会治安状况良好和市场化程度较高等方面。

【资源】卡塔尔油气资源丰富,已探明石油储量居世界第12位;天然气储量25万亿立方米,居世界第3位,液化天然气(LNG)产量和出口量从2006年至今均居世界第1位。

【双边贸易】据中国海关统计,2019年1—12月,中卡贸易进出口额766.79亿元人民币,同比减少0.3%。其中,中方对卡出口166.32亿元人民币,同比增加1.3%;自卡进口600.47亿元人民币,同比减少0.8%;中方贸易逆差434.15亿元人民币。中国从卡塔尔进口的主要商品是液化天然气、原油和石油化工产品;中国对卡塔尔出口的主要商品是机械设备、电器及电子产品、家具、建材和日用品等。

【对卡投资】据中国商务部统计,2018年当年中国对卡塔尔直接投资流量－3.6亿美元。截至2018年末,中国对卡塔尔直接投资存量4.3亿美元。

【合作领域】金融、建筑、加工制造、航空海运、物流、旅游和商贸服务等行业。

（二）投资环境

【中卡关系】卡塔尔1988年7月9日与中国正式建交,2014年双方将两国关系提升为战略伙伴关系。

【营商环境】在世界银行2019年10月24日发布的《2020年营商环境报告》中,卡塔尔在190个经济体中排名第77位。

【全球竞争力】世界经济论坛在2019年10月9日发布《2019年全球竞争力报告》,卡塔尔在全球最具竞争力的141个国家和地区中排名第29位。

【重点/特色产业】卡塔尔支柱产业是石油天然气和石化产业。

【商务成本】卡塔尔本国劳动力资源短缺,主要通过外籍劳动者补充,因此劳动力成本偏高。2018年,卡塔尔人均月工资

690 美元。

（三）中资企业投资合作情况

双方在能源、金融、航空和旅游等领域的合作也不断拓展深化。如表 4-10 所示。

表 4-10　在卡塔尔中国公司经贸重点合作项目

公司名称	主要大型工程项目
中国电建集团国际工程有限公司卡塔尔分公司	卡塔尔新多哈新国际机场 A380 跑道项目
中国港湾工程有限公司卡塔尔分公司	卡塔尔新港海军码头项目
华为(卡塔尔)投资有限公司	通信设备
葛洲坝集团公司卡塔尔有限公司	卡塔尔默加水池工程等项目
工商银行多哈分行	结算和贸易融资
中国铁建集团卡塔尔分公司	承建 2022 年卡塔尔世界杯主体育场

数据来源：中国驻卡塔尔大使馆经商参处。

卡塔尔与浙江的经贸往来成果，例如浙江鼎立公司在卡塔尔进行高空作业平台搭建。

第十一节　约旦

（一）基本介绍

【国名】约旦哈希姆王国（The Hashemite Kingdom of Jordan），简称约旦。

【面积】约 8.9 万平方千米，海洋面积 540 平方千米。

【人口】约 1001 万（截至 2018 年）。

【首都】安曼。

【时差】比北京时间晚 6 小时。

【气候】约旦西部高地属亚热带地中海型气候,气候温和,东部和东南部为沙漠。

【官方语言】阿拉伯语是官方语言,通用英语。

【货币】约旦第纳尔(1JOD＝9.6768CNY,2019年10月平均汇率)。

【经济】约旦系发展中国家,经济基础薄弱,资源较贫乏,可耕地少,依赖进口。

【资源】约旦钾盐资源主要蕴藏于死海中,钾盐储量世界第七;约旦是世界上磷酸盐资源最丰富的国家之一;铀矿资源丰富,探明储量14万吨;约旦境内硅砂(石英砂、二氧化硅)资源丰富。

【双边贸易】据中国海关统计,2019年1—12月,中约贸易进出口额283.56亿元人民币,同比增长35.2%。其中,中方对约出口253.67亿元人民币,同比增长29.7%;自约进口29.89亿元人民币,同比增长111.5%;中方贸易顺差223.78亿元人民币。

【对约投资】据中国商务部统计,2018年当年中国对约旦直接投资流量0.8亿美元。截至2018年末,中国对约旦直接投资存量1.4亿美元。

【合作领域】在交通、通信、基础设施建设、金融等领域开展密切合作。

(二)投资环境

【中约关系】约旦1977年4月7日与中国正式建交,2015年9月双方将两国关系提升为战略伙伴关系。

【营商环境】在世界银行2019年10月24日发布的《2020年营商环境报告》中,约旦在190个经济体中排名第75位。

【全球竞争力】世界经济论坛在2019年10月9日发布

《2019 年全球竞争力报告》,约旦在全球最具竞争力的 141 个国家和地区中排名第 70 位。

【重点/特色产业】约旦规模较大的工业企业主要集中在磷酸盐、钾盐、炼油、水泥、化肥生产和制药几个行业;约旦农业匮乏,可耕地面积少,目前积极发展旅游业,旅游业发展势头良好。

【商务成本】约旦是世界十大缺水国家之一,水电成本偏高。2018 年,约旦人均月工资 637 美元。

(三)中资企业投资合作情况

双方在交通、通信、基础设施建设、金融等领域开展密切合作。如表 4-11 所示。

表 4-11 在约旦中国公司经贸重点合作项目

公司名称	主要大型工程项目
中国能源建设集团广东火电工程有限公司	承建约旦阿塔拉特 2 台 277 兆瓦燃油页岩电站 EPC 项目
山东电力建设第三工程有限公司	承建约旦侯赛因联合循环电站
中国电力工程顾问集团西北电力设计院工程有限公司	承建 ACWA 约旦 MAFRAQ50MW 光伏电站

数据来源:中国驻约旦大使馆经商参处。

约旦与浙江的经贸往来密切,其中约旦商人在浙江义乌做生意开餐饮比较多。浙江还把泰顺的传统提线木偶表演带到约旦,进行文化交流和传播。

第十二节 黎巴嫩

(一)基本介绍

【国名】黎巴嫩共和国(The Lebanon Republic),简称黎巴嫩。

【面积】约 1 万平方千米。

【人口】约 609 万(2018 年)。

【首都】贝鲁特。

【时差】比北京时间晚 6 小时。

【气候】黎巴嫩属地中海型气候,年平均气温 21℃。

【官方语言】阿拉伯语是母语和官方语言。

【货币】黎巴嫩镑(1LBP＝0.0045CNY,2019 年 10 月平均汇率)。

【经济】黎巴嫩经济主要以服务业为主,服务业占黎巴嫩 GDP 的 70％左右。

【资源】黎巴嫩境内地形多样。50％以上是海拔超过千米的山地,因此树种资源多样,且水资源丰富。

【双边贸易】据中国海关统计,2019 年 1—12 月,中黎贸易进出口额 117.31 亿元人民币,同比减少 11.7％。其中,中方对黎出口 115.51 亿元人民币,同比减少 10.9％;自黎进口 1.79 亿元人民币,同比减少 43.9％;中方贸易顺差 113.72 亿元人民币。

【对黎投资】据中国商务部统计,2018 年当年中国对黎巴嫩直接投资流量为 0。截至 2018 年末,中国对黎巴嫩直接投资存量 222 万美元。

【合作领域】合作领域逐渐从旅游服务和房地产业,向能源、交通、电信、教育、医疗、媒体、高科技、环境、农业、工业、基础设施建设等发展。

（二）投资环境

【中黎关系】黎巴嫩于 1971 年 11 月 9 日与中国正式建交。

【营商环境】在世界银行 2019 年 10 月 24 日发布《2020 年营商环境报告》中,黎巴嫩在 190 个经济体中排名第 143 位。

【全球竞争力】世界经济论坛在 2019 年 10 月 9 日发布《2019 年全球竞争力报告》,黎巴嫩在全球最具竞争力的 141 个国家和地区中排名第 88 位。

【重点/特色产业】黎巴嫩经济的四大支柱产业是金融、侨汇、旅游、贸易。黎巴嫩有雪山至大海的独特自然环境,气候宜人,拥有巴尔贝克神庙、比布鲁斯、提尔、安贾尔、迦迪沙峡谷 5 处世界遗产,是中东著名旅游胜地。

【商务成本】黎巴嫩市场上大部分生活消费品依赖进口,价格普遍较高。黎巴嫩是 22 个阿拉伯国家中水资源最为丰富的国家,但电力供应不足,几乎天天发生停电。因此用电成本偏高。黎巴嫩劳动力素质高,但不愿意从事低技能行业。2018 年,黎巴嫩人均月工资 450 美元。

(三)中资企业投资合作情况

双方在能源、交通、电信、教育、医疗、媒体、高科技、环境、农业、工业、基础设施建设等领域合作。如表 4-12 所示。

表 4-12　在黎巴嫩中国公司经贸重点合作项目

公司名称	主要大型工程项目
华为技术有限公司	信息通信技术
中兴通讯股份有限公司	信息通信技术

数据来源:中国驻黎巴嫩大使馆经商参处。

黎巴嫩与浙江的经贸往来,主要以浙江义乌小商品城为纽带。

第十三节　巴林

(一)基本介绍

【国名】巴林王国(The Kingdom of Bahrain),简称巴林。

【面积】约 780 平方千米,是由 33 个岛屿组成的岛国。

【人口】约 150 万(截至 2017 年)。

【首都】麦纳麦。

【时差】比北京时间晚 5 小时。

【气候】巴林属热带沙漠气候,一年两季,夏季炎热、潮湿,冬季温和宜人。终年晴朗少雨,年平均降水量为 71 毫米。

【官方语言】阿拉伯语为国语。通用英语。

【货币】巴林第纳尔(1BHD=18.1446CNY,2019 年 10 月平均汇率)。

【经济】巴林是海湾地区最早开采石油的国家。2010 年巴开始向多元化经济发展,建立了炼油、石化及铝制品工业,大力发展金融业,成为海湾地区银行和金融中心。

【资源】巴林的主要资源为石油和天然气,已探明石油储量 2055 万吨,排名世界第 66 位。

【双边贸易】据中国海关统计,2019 年 1—12 月,中巴贸易进出口额 115.29 亿元人民币,同比增长 35.9%。其中,中方对巴出口 101.76 亿元人民币,同比增长 35.9%;自巴进口 13.53 亿元人民币,同比增长 35.5%;中方贸易顺差 88.23 亿元人民币。

【对巴投资】据中国商务部统计,2018 年当年中国对巴林直接投资流量−235 万美元。截至 2018 年末,中国对巴林直接投资存量 0.7 亿美元。

【合作领域】在制造、通信、工程承包、环保等领域合作。

(二)投资环境

【中巴关系】巴林 1989 年 4 月 18 日与中国正式建交。

【营商环境】在世界银行 2019 年 10 月 24 日发布的《2020 年营商环境报告》中,巴林在 190 个经济体中排名第 43 位。

【全球竞争力】世界经济论坛在 2019 年 10 月 9 日发布《2019 年全球竞争力报告》,巴林在全球最具竞争力的 141 个国家和地区中排名第 45 位。

【重点/特色产业】油气产业是巴经济的战略支柱;炼铝是巴林工业的重要支柱,巴林铝厂是世界十大铝厂之一;巴林金融业比较发达,是海湾地区乃至中东地区的金融中心之一;另外巴林积极发展会展业,举办的大型展会活动包括阿拉伯珠宝展、海湾工业展、国际园艺展等。巴林一项特色产业是承办一级方程式赛车比赛,这为巴林的旅游、通信、广告、交通、酒店餐饮等行业带来累计超过 10 亿美元的收入。

【商务成本】巴林的基本生活用品一般依靠进口,政府对面粉、牛羊肉等基本生活必需品给予补贴,实行限价零售。巴林政府对水、电、气、油等实施政府补贴,限价销售。巴林的劳动力受教育程度高,因此薪酬水平不低。2018 年,巴林人均月工资 1838 美元。

(三)中资企业投资合作情况

双方在制造、通信、工程承包、环保等领域开展合作。如表 4-13 所示。

表 4-13　在巴林中国公司经贸重点合作项目

公司名称	主要大型工程项目
华为技术中东地区总部	通信设备项目
中国银行巴林代表处	金融服务
中国建筑巴林分公司	工程承办项目
巴林龙城管理公司	批发零售综合市场
重庆国际阿巴桑玻璃纤维有限公司	玻纤产品研发、生产、销售

续 表

公司名称	主要大型工程项目
重庆清禧环保科技有限公司巴林分公司	工业废水项目
中集车辆巴林工厂	大型冷藏车生产与出口

数据来源:中国驻巴林大使馆经商参处。

巴林与浙江的经贸往来目前较少。

第十四节 也门

(一)基本介绍

【国名】也门共和国(Republic of Yemen),简称也门。

【面积】约52.8万平方千米,海岸线2200千米。

【人口】约2758万(截至2019年)。

【首都】萨那。

【时差】比北京时间晚5小时。

【气候】境内山地和高原地区气候较温和,沙漠地区炎热干燥。

【官方语言】官方语言为阿拉伯语,通用英语。

【货币】也门里亚尔(1YER=0.0264CNY,2019年10月平均汇率)。

【经济】也门是世界最不发达国家之一,粮食不能自给,约1/2依靠进口。在夏季有着沙漠中常见的沙尘暴,而因过度放牧,沙漠化日渐严重。棉花质量良好,每年有大量出口,咖啡种植面积也很大,占重要地位。

【资源】也门是一个典型的资源型国家,石油和天然气是其最主要的自然资源。也门的非石油资源也比较丰富,金属矿主要有金、银、铅、锌。

【双边贸易】据中国海关统计,2019 年 1—12 月,中也贸易进出口额 254.15 亿元人民币,同比增长 48.1%。其中,中方对也出口 194.33 亿元人民币,同比增长 57.3%;自也进口 59.82 亿元人民币,同比增长 24.4%;中方贸易顺差 134.51 亿元人民币。中国对也门出口商品主要类别包括:电机、电气、音像设备及其零附件;机械器具及零件;钢铁制品;橡胶及其制品;化学纤维长丝;洗涤剂、润滑剂、人造蜡、塑型膏等;食用蔬菜、根及块茎;针织或钩编的服装及衣着附件;其他纺织制品;成套物品;旧纺织品;蔬菜、水果等或植物其他部分的制品。

中国从也门进口商品主要类别包括:矿物燃料、矿物油及其产品;沥青等;矿砂、矿渣及矿灰;塑料及其制品;电机、电气、音像设备及其零附件;铜及其制品;鱼及其他水生无脊椎动物;橡胶及其制品;铝及其制品;生皮(毛皮除外)及皮革;锌及其制品。

【对也投资】据中国商务部统计,2018 年当年中国对也门直接投资流量 0.1 亿美元。截至 2018 年末,中国对也门直接投资存量 6.2 亿美元。

【合作领域】文化、教育、体育、渔业和医疗卫生等方面合作。

(二)投资环境

【中也关系】1956 年 9 月 24 日也门与中国正式建交。

【营商环境】在世界银行 2019 年 10 月 24 日发布的《2020 年营商环境报告》中,也门在 190 个经济体中排名第 187 位。

【全球竞争力】世界经济论坛在 2019 年 10 月 9 日发布《2019 年全球竞争力报告》,也门在全球最具竞争力的 141 个国家和地区中排名第 140 位。

【重点/特色产业】也门的主要工业包括:原油生产、石油精炼、天然气开发。其他工业有：小规模棉织品生产、皮革产品，食品加工、手工艺品、铝产品，水泥，商船维修。主要农产品包括：谷物、水果、蔬菜、豆类、咖特（阿拉伯茶叶中提取的一种麻醉剂）、咖啡、棉花、奶制品、家畜、禽类和鱼。石油和天然气勘探开发是也门最重要的产业。渔业在也门国民经济中是仅次于石油、天然气的重要产业。

【商务成本】物价水平不稳定，容易受到外界环境影响，连续四年的内战已导致也门水、电、油、气价格全面上涨。也门严重缺水，电力供应不足，天然气加工生产还不能完全满足国内需求。也门人均受教育程度不高，劳动力素质较低，失业率很高，劳动力供大于求。2018 年，也门人均月工资 500 美元。

（三）中资企业投资合作情况

双方在资源开发、餐饮、建筑工程和渔业捕捞等领域交流合作。如表 4-14 所示。

表 4-14　在也门中国公司经贸重点合作项目

公司名称	主要大型工程项目
华为技术有限公司	承建也门电信
中国水产有限公司	承建也门渔业项目
中材国际工程股份有限公司	承建也门穆卡拉 AYCC 水泥厂项目

数据来源：中国驻也门大使馆经商参处。

也门与浙江的经贸往来密切，例如通过义乌小商品城进行货物贸易。两地学生之间也有访学交流等。

第十五节　叙利亚

（一）基本介绍

【国名】阿拉伯叙利亚共和国（The Syrian Arab Republic），简

称叙利亚。

【面积】约 18.52 万平方千米。

【人口】约 1827 万(截至 2017 年)。

【首都】大马士革。

【时差】比北京时间晚 6 小时。

【气候】叙利亚冬季湿润,夏季干燥炎热,东南部沙漠地区夏季最高气温为 45℃,冬季最低气温 0℃以下。

【官方语言】阿拉伯语是叙利亚官方语言,通用英语和法语。

【货币】叙利亚镑(1SYP=0.01309CNY,2019 年 10 月平均汇率)。

【经济】内战前,叙利亚是一个中等收入国家,两大支柱产业分别是农业和石油,合计占叙利亚国内生产总值的一半左右。内战爆发后,两大产业遭到重创。随着叙利亚产业和出口遭重创而来的是居高不下的贫困率和失业率。

【资源】叙利亚主要矿产资源包括石油、天然气、磷酸盐、岩盐、沥青、大理石等。

【双边贸易】据中国海关统计,2019 年 1—12 月,中叙贸易进出口额 90.64 亿元人民币,同比增长 7.8%。其中,中方对叙出口 90.54 亿元人民币,同比增长 7.8%;自叙进口 0.1 亿元人民币,同比增长 71%;中方贸易顺差 90.44 亿元人民币。中国对叙利亚出口主要商品为机电产品、汽车、钢铁、纺织品服装、化工产品;从叙利亚进口商品主要为磷酸盐、橄榄油和棉线等。

【对叙投资】据中国商务部统计,2018 年当年中国对叙利亚直接投资流量-1 万美元。截至 2018 年末,中国对叙利亚直接投资存量 87 万美元。

【合作领域】在交通、通信、基础设施建设、卫生和医疗等领域的合作。

（二）投资环境

【中叙关系】叙利亚1956年与中国正式建交,双边关系稳步发展。

【营商环境】在世界银行2019年10月24日发布的《2020年营商环境报告》中,叙利亚在190个经济体中排名第176位。

【全球竞争力】叙利亚未进入世界经济论坛2019年10月9日发布的《2019年全球竞争力报告》排名中。

【重点/特色产业】在2011年内战爆发之前,农业是叙利亚经济的重要产业;石油业占到GDP的19%。

【商务成本】战争破坏了叙利亚公共设施系统,再加上严重的通货膨胀,目前叙利亚水、电和燃气价格大幅上涨。劳动力资源充足。2018年,叙利亚人均月工资67美元。

（三）中资企业投资合作情况

双方尝试在交通、通信、基础设施建设、卫生和医疗等领域进行交流与合作。因叙利亚持续内战,目前以国际救援为主,合作开展缓慢。如表4-15所示。

表 4-15　在叙利亚中国公司经贸重点合作项目

公司名称	主要大型工程项目
中国政府援助	大马士革穆瓦萨特医院急诊中心改造项目

数据来源:中国驻叙利亚大使馆经商参处。

叙利亚与浙江的经贸往来密切,例如在叙利亚首都大马士革阿德拉保税区,有一座叙利亚"中国城",这是当地最早也是最大的汽车市场之一。这座在叙利亚非常有影响力的"中国城"聚集着许多来自浙江温州的商人。

第十六节　巴勒斯坦

（一）基本介绍

【国名】巴勒斯坦国（The State of Palestine），简称巴勒斯坦。

【面积】约 6220 平方千米。

【人口】约 1270 万人。

【首都】拉马拉。

【时差】比北京时间晚 5 小时。

【气候】巴勒斯坦属亚热带地中海气候，夏季炎热干燥，最热月份为 7—8 月，气温最高达 38℃。冬季微冷湿润多雨，平均气温为 4—11℃，最冷月份为 1 月。

【官方语言】官方语言为阿拉伯语。

【货币】巴勒斯坦至今没有自己的货币，使用以色列货币（新谢克尔）。

【经济】以农业为主，其他有建筑业、加工业、手工业、商业、服务业等。巴经济严重依赖以色列，巴以冲突持续对巴经济发展形成严重制约。

【资源】巴勒斯坦主要矿藏储备有：天然气 4920 亿立方米、石油 1.84 亿桶、煤 1850 亿吨、铁 4.3 亿吨、铝土 7400 万吨，还有大量的铬矿、大理石和宝石。

【双边贸易】据中国海关统计，2019 年 1—12 月，中巴贸易进出口额 5.66 亿元人民币，同比增长 16.6%。其中，中方对巴出口 5.65 亿元人民币，同比增长 17.1%；自巴进口 0.01 亿元人民币，同比减少 67%；中方贸易顺差 5.64 亿元人民币。

【对巴投资】据中国商务部统计，2018 年当年中国对巴勒斯坦直接投资流量为 0。截至 2018 年末，中国对土耳其直接投资存量 4 万美元。

【合作领域】目前,主要是一些我国发起的援建项目。

(二)投资环境

【中巴关系】巴勒斯坦 1988 年 11 月 20 日与中国正式建交。

【营商环境】在世界银行 2019 年 10 月 24 日发布的《2020年营商环境报告》中,巴勒斯坦未进入 190 个经济体的排名。

【全球竞争力】巴勒斯坦未进入世界经济论坛 2019 年 10 月 9 日发布的《2019 年全球竞争力报告》排名。

【重点/特色产业】巴勒斯坦农产品丰富,农业是巴经济支柱。水果、蔬菜和橄榄(油)是外贸出口的重要部分,占出口产品的 25%。巴工业主要是加工业,如制革、塑料、橡胶、化工、食品、石材、大理石和人造石板、制药、造纸、印刷、建筑、纺织、制衣和家具等。巴气候宜人,有大量的历史文化古迹,被称为"圣地(HolyLand)",其旅游资源丰富。

【商务成本】巴勒斯坦局势动荡,目前商务风险较高。

(三)中资企业投资合作情况

目前,双方合作的主要是一些援建项目,例如 2019 年中国驻巴勒斯坦办事处援建巴勒斯坦巴拉马拉学校项目。因此,与浙江的经贸往来还待开发。

第五章 东北亚1国

蒙 古

（一）基本介绍

【国名】蒙古国(Mongolia)，简称蒙古。

【面积】约156.65万平方千米，是世界第二大内陆国家。

【人口】约320万(截至2019年)。

【首都】乌兰巴托。

【时差】与北京时间无时差。

【气候】蒙古国以"蓝天之国"而闻名于世，一年有三分之二时间阳光明媚，气候为典型的大陆性温带草原气候。蒙古国冬季漫长严寒，气候干燥，常有暴风雪，是亚欧大陆"寒潮"发源地之一，最低气温可至－40℃(最低曾达到－60℃)；夏季短暂干热，最高气温可达38℃(最高曾达到45℃)，早晚温差较大。

【官方语言】官方语言为喀尔喀蒙古语。

【货币】蒙古图格里克(1MNT＝0.00257CNY，2019年10月平均汇率)。

【经济】蒙古国主要产业包括矿业、农牧业、交通运输业、服务业等。国民经济对外依存度较高。曾长期实行计划经济。1991年开始向市场经济过渡。

【资源】蒙古国地大物博，矿产资源丰富。目前，蒙境内已探明的有80多种矿产和6000多个矿点，主要有铁、铜、钼、煤、锌、金、铅、钨、锡、锰、铬、铋、萤石、石棉、稀土、铀、磷、石油、油页岩矿等。

【双边贸易】据中国海关统计,2019年1—12月,中蒙贸易进出口额561.16亿元人民币,同比增长6.5%。其中,中方对蒙出口126.09亿元人民币,同比增长16.3%;自蒙进口435.06亿元人民币,同比增长4%;中方贸易逆差308.97亿元人民币。中国继续保持蒙古国最大贸易伙伴国、最大出口市场和最大进口市场地位。蒙古对中出口产品主要包括矿产品、动物毛皮原料及其制成品等,蒙古自中进口产品主要包括汽柴油、食品、机械设备产品等。

【对蒙投资】据中国商务部统计,2018年当年中国对蒙古直接投资流量-4.5亿美元。截至2018年末,中国对蒙古直接投资存量33.6亿美元。

【合作领域】在经贸、人文、产能、环保等领域务实合作。

(二)投资环境

【中蒙关系】蒙古是最早承认中华人民共和国的国家之一。蒙古1949年10月16日与中国正式建交。2011年两国宣布建立战略伙伴关系。2014年8月,两国关系提升为全面战略伙伴关系。

【营商环境】在世界银行2019年10月24日发布的《2020年营商环境报告》中,蒙古在190个经济体中排名第81位。

【全球竞争力】世界经济论坛在2019年10月9日发布《2019年全球竞争力报告》,蒙古在全球最具竞争力的141个国家和地区中排名第102位。

【重点/特色产业】畜牧业是蒙古的传统产业,是国民经济的基础,也是蒙古加工业和生活必需品的主要原料来源。矿业是蒙古经济发展的重要支柱产业。蒙古工业起步较晚,除采矿业和燃料动力工业外,以畜产品为主要原料的轻工业和食品加工业在蒙古工业部门中占有一定地位,此外还有部分基础性矿产加工业。蒙古人少、地域辽阔,自然风貌保持良好,是世界上少数保留游牧文化的国家之一,旅游业发展前景广阔。

【商务成本】蒙古工业用水、电、气的价格比民用贵一些,基础设施完善,人力资源短缺,技术性人力资源不足。2018 年,蒙古人均月工资 121 美元。

(三)中资企业投资合作情况

双方在矿产、能源、建筑、金融、畜产品加工、餐饮服务等行业合作。如表 5-1 所示。

表 5-1　在蒙古中国公司经贸重点合作项目

公司名称	主要大型工程项目
江苏南通三建集团股份有限公司	承建阿尔泰集团办公及商业开发综合体项目
大庆石油国际工程公司	承建 2017 年度蒙古塔木察格石油工程技术服务及地面工程建设项目
中国水电工程顾问集团有限公司	承建蒙古巨龙山 50 MW 风电项目;巴格诺尔 2×350 MW 超临界燃煤热点联产电站工程项目
中国电建集团核电工程公司	承建蒙古昌嘎纳 4×150 MW 燃煤电站项目

数据来源:中国驻蒙古大使馆经商参处。

蒙古与浙江的经贸往来密切,除了两国之间常规的货物贸易往来,还有文化交流,浙江省的 27 位工艺美术大师创作的龙泉青瓷、龙泉宝剑、青田石雕等 32 件艺术精品曾前往乌兰巴托中国文化中心进行展览交流。

第六章 中东欧 17 国

第一节 俄罗斯

（一）基本介绍

【国名】俄罗斯联邦(Russian Federation)，简称俄罗斯。

【面积】约 1709.82 万平方千米。

【人口】约 1.47 亿(截至 2019 年)。

【首都】莫斯科。

【时差】比北京时间晚 5 小时。

【气候】俄罗斯幅员辽阔，气候复杂多样，总体属于北半球温带和亚寒带的大陆性气候。

【官方语言】俄语为官方语言。

【货币】卢布(1RUB＝0.1117CNY，2019 年 10 月平均汇率)。

【经济】俄工业、科技基础雄厚，苏联曾是世界第二经济强国，1978 年被日本赶超。苏联解体后俄罗斯经济一度严重衰退，持续下滑。2000 年普京执政至今，俄经济快速回升，连续 8 年保持增长(年均增幅约 6.7％)，外贸出口大幅增长，投资环境有所改善，居民收入明显提高。主要工业部门有机械、冶金、石油、天然气、煤炭及化工等；轻纺、食品、木材加工业较落后；航空航天、核工业具有世界先进水平。财政金融总体趋好。

【资源】俄罗斯自然资源十分丰富，种类多，储量大，自给程度高。

【双边贸易】据中国海关统计,2019 年 1—12 月,中俄贸易进出口额 7641.39 亿元人民币,同比增长 7.9%。其中,中方对俄出口 3433.70 亿元人民币,同比增长 8.5%;自俄进口 4207.69亿元人民币,同比增长 7.5%;中方贸易逆差 773.99 亿元人民币。中国对俄罗斯出口商品主要类别包括:机械器具及零件,电气设备及零件,皮毛、人造皮毛及制品,服装及衣着附件,鞋靴、护腿及其零件,车辆及其零附件,塑料及其制品,钢铁制品,光学、照相、医疗等设备及其附件,玩具、运动制品及附件,家具灯具,等等。中国从俄罗斯进口商品主要类别包括:矿物燃料、矿物油及其产品,木材、木浆及木制品,水产,镍及其制品,矿砂、矿渣及矿灰,等等。

【对俄投资】据中国商务部统计,2018 年当年中国对俄罗斯直接投资流量 7.2 亿美元。截至 2018 年末,中国对俄罗斯直接投资存量 142 亿美元。

【合作领域】在采矿业、农林牧渔业、制造业、批发零售业、租赁和商务服务业、金融业等领域合作。

(二)投资环境

【中俄关系】中俄 1996 年建立战略协作伙伴关系,2011 年建立全面战略协作伙伴关系,2019 年提升为中俄新时代全面战略协作伙伴关系。

【营商环境】在世界银行 2019 年 10 月 24 日发布《2020 年营商环境报告》,俄罗斯在 190 个经济体中排名第 28 位。

【全球竞争力】世界经济论坛在 2019 年 10 月 9 日发布《2019 年全球竞争力报告》中,俄罗斯在全球最具竞争力的 141 个国家和地区中排名第 43 位。

【重点/特色产业】石油天然气行业在俄罗斯经济占主导作

用,矿石开采和冶金行业在俄罗斯经济中发挥重要作用,冶金行业是俄罗斯重要的工业部门之一。

【商务成本】俄罗斯的水电价格比较低,基础设施良好。2018 年,俄罗斯人均月工资 684 美元。

(三)中资企业投资合作情况

合作集中在矿产、林业、农业、零售、建筑等领域,据俄方统计,中国共在俄罗斯设立企业 1000 多家。如表 6-1 所示。

表 6-1 在俄罗斯中国公司经贸重点合作项目

公司名称	主要大型工程项目
中国石油工程建设有限公司	承建阿穆尔天然气处理厂建设项目
中国葛洲坝集团股份有限公司	承建俄罗斯阿穆尔天然气加工厂项目 P1 标段
中国化学工程第七建设有限公司	承建俄罗斯阿菲普卡加氢裂化装置项目

数据来源:中国驻俄罗斯大使馆经商参处。

俄罗斯与浙江的经贸往来密切,开通了珲春—扎鲁比诺港—宁波舟山港货物跨境运输航线,开创了中俄跨境运输合作的新模式。两国人民之间的交往日益频繁,文化交流广泛。

第二节 波兰

(一)基本介绍

【国名】波兰共和国(The Republic of Poland),简称波兰。

【面积】约 32.26 万平方千米。

【人口】约 3839 万(截至 2019 年)。

【首都】华沙。

【时差】比北京时间晚 6 小时。

【气候】波兰属海洋性向大陆性气候过渡的温带阔叶林气

候。气候温和,冬季寒冷潮湿,平均气温－10℃至5℃;春秋季气候宜人、雨水充沛;夏季凉爽,平均温度为15℃至24℃。

【官方语言】官方语言为波兰语,英语日益普及。

【货币】波兰兹罗提(1PLN＝1.8087CNY,2019年10月平均汇率)。

【经济】地理位置优越,是连接东西欧的交通要地。硬煤和铜矿资源丰富,为欧洲第二大硬煤生产和出口国,仅次于俄罗斯。波兰经济发展潜力较大,市场购买力不断增强。自1989年起实行经济转轨,1992年以来经济一直保持正增长,人均GDP由1547美元提高到2017年的约1.3万美元。

【资源】波兰拥有丰富的矿产资源,煤、硫黄、铜、银的产量和出口量居世界前列。其他资源还有锌、铅、天然气、盐、琥珀等。

【双边贸易】据中国海关统计,2019年1—12月,中波贸易进出口额1918.57亿元人民币,同比增长18.4%。其中,中方对波出口1646.75亿元人民币,同比增长19.4%;自波进口271.82亿元人民币,同比增长12.9%;中方贸易顺差1374.93亿元人民币。中国向波兰出口前五大商品类别为:电气设备及其零件,核反应堆、锅炉、机器、机械器具及其零件,光学、照相、电影、计量、检验、医疗或外科用仪器及设备、零附件,家具、寝具等,玩具、游戏品、运动品及其零附件。中国自波兰进口前五大商品类别为:铜及铜制品,电气设备及其零件,核反应堆、锅炉、机器、机械器具及其零件,车辆及其零附件,家具、寝具等。

【对波投资】据中国商务部统计,2018年当年中国对波兰直接投资流量1.1亿美元。截至2018年末,中国对波兰直接投资存量5.2亿美元。

【合作领域】涉及生物医药、新能源、机械电子制造、信息通讯、商贸服务、金融机构、基础设施等多个领域。

（二）投资环境

【中波关系】1949 年 10 月两国建立大使级外交关系。2011 年底两国提升为战略合作伙伴关系。

【营商环境】在世界银行 2019 年 10 月 24 日发布《2020 年营商环境报告》，波兰在 190 个经济体中排名第 40 位。

【全球竞争力】世界经济论坛在 2019 年 10 月 9 日发布《2019 年全球竞争力报告》，波兰在全球最具竞争力的 141 个国家和地区中排名第 37 位。

【重点/特色产业】波兰是欧洲农业大国。主要农作物有小麦、黑麦、马铃薯、甜菜、油菜籽等，产量均居欧洲前十位。肉制品、奶制品、苹果、洋葱、卷心菜和菜花等果蔬产量也居欧洲前列。波兰煤矿安全体系健全，采矿安全技术和管理水平处于国际领先地位。汽车已成为波兰重点产业、热门出口行业，产品种类多、品牌多且外需旺；波兰木材业附加值较高，收益高于工业企业平均水平，出口持续较快增长；波兰自然风光优美，历史文化遗产丰富。

【商务成本】波兰拥有较低的劳动力成本和高素质的人力资源。2018 年，波兰人均月工资 1168 美元。

（三）中资企业投资合作情况

双方在生物医药、新能源、机械电子制造、信息通讯、商贸服务、金融机构、基础设施等多个领域开展合作。如表 6-2 所示。

表 6-2 在波兰中国公司经贸重点合作项目

公司名称	主要大型工程项目
上海电力建设有限责任公司	承建波兰热舒夫 750/400/110 千伏变电站改造扩展及无功功率补偿的设备安装等
中波轮船股份公司格丁尼亚分公司	海洋运输、船舶代理业务
中国远洋运输(集团)公司波兰有限责任公司	船务代理、货运代理、空运代理、码头仓储、内陆集疏运等业务
华为波兰有限公司	电子通信业务
中国银行波兰分行	金融业务

数据来源:中国驻波兰大使馆经商参处。

波兰与浙江的经贸往来密切,例如杭州市余杭区青年商会(余杭区新生代企业家联谊会)与波兰最大的华人青年组织——波兰华人青年联合会将充分利用各自的资源共同促进波兰与余杭区在经贸领域的交流与合作,通过保持常规的开放性接洽,积极营造两市优良的国际化营商环境,并共同组织企业培训和赴海外考察,构建与国际接轨的配套服务体系。同时加快通关速度,保证波兰产品顺利高效进入浙江。

第三节 罗马尼亚

(一)基本介绍

【国名】罗马尼亚(Romania)。

【面积】约 23.84 万平方千米。境内平原、山地、丘陵各占国土面积的 1/3。罗马尼亚山河秀丽,蓝色的多瑙河、雄奇的喀尔巴阡山和绚丽多姿的黑海是罗马尼亚的三大国宝。

【人口】约 1959 万(截至 2018 年)。

【首都】布加勒斯特。

【时差】比北京时间晚 5 小时。

【气候】罗马尼亚属典型的温带大陆性气候,年平均温度在 10℃左右。

【官方语言】官方语言为罗马尼亚语,主要少数民族语言为匈牙利语。主要流行的外语为英语和法语。

【货币】罗马尼亚货币为列伊(1RON＝1.5789CNY,2019 年 10 月平均汇率)。

【经济】罗马尼亚自然条件优越,资源丰富,石油和天然气储量居欧洲前列。土地肥沃,地表水和地下水蕴藏量较大,农业潜力巨大。工业和服务业发展迅速。作为新兴工业化国家,罗马尼亚曾被誉为"欧洲之虎",因劳动力、土地、税收等方面优势,成为中东欧地区最有吸引力的投资目的国之一。

【资源】罗马尼亚主要矿藏有石油、天然气、煤和铝土矿,还有金、银、铁、锰、锑、盐、铀、铅、矿泉水等。森林面积为 630 万公顷,约占全国面积的 28％。

【双边贸易】据中国海关统计,2019 年 1—12 月,中罗贸易进出口额 475.65 亿元人民币,同比增长 8.1％。其中,中方对罗出口 315.23 亿元人民币,同比增长 6.1％;自罗进口 160.42 亿元人民币,同比增长 12.2％;中方贸易顺差 154.81 亿元人民币。中国对罗马尼亚出口商品主要类别包括:电机、音像设备及其零部件;锅炉、机械设备及其零部件;光学、照相设备,医用外科工具;针织或钩编服装及附件;家具、寝具及台灯等;钢铁;塑料及制品;钢铁制品;车辆及其零部件;纺织品、刺绣;等等。中国从罗马尼亚进口商品主要类别包括:锅炉、机械设备及其零部件;电机、音像设备及其零部件;木材及木制品,木炭;非针织或钩编服装及附件;铜及铜制品;矿石、矿渣及矿灰;光学、照相设备,医用外科工具;车辆及其零部件;橡胶及橡胶制品;塑料及制品。

【对罗投资】据中国商务部统计,2018 年当年中国对罗马尼亚直接投资流量 157 万美元。截至 2018 年末,中国对罗马尼亚直接投资存量 3 亿美元。

【合作领域】在能源、交通基础设施、农业和工业园区等领域的合作正有序推进。

（二）投资环境

【中罗关系】中国和罗马尼亚于 1949 年 10 月 5 日建立大使级外交关系。2004 年 6 月,中罗建立了全面友好合作伙伴关系。

【营商环境】在世界银行 2019 年 10 月 24 日发布的《2020 年营商环境报告》中,罗马尼亚在 190 个经济体中排名第 55 位。

【全球竞争力】世界经济论坛在 2019 年 10 月 9 日发布《2019 年全球竞争力报告》,罗马尼亚在全球最具竞争力的 141 个国家和地区中排名第 51 位。

【重点/特色产业】罗马尼亚的重点/特色产业有石油化工、机械、汽车、医药、软件、纺织服装、食品加工、葡萄酒酿制、生态农业等。罗马尼亚一直是欧洲主要的粮食生产国和出口国,曾有"欧洲粮仓"的美誉。种植业包括粮食作物、经济作物和各种瓜果蔬菜等,主要粮食作物为小麦、玉米、马铃薯等,主要经济作物包括向日葵、油菜、葡萄、苹果等。罗马尼亚具备发展传统及生态农业的优越自然条件,拥有肥沃的黑土地和充足的阳光,是欧洲最具发展绿色环保农业潜力的国家之一,在政府鼓励下,近年来大力发展生态农业。

【商务成本】罗马尼亚劳动力素质较高,劳动力资源丰富。2018 年,罗马尼亚人均月工资 884 美元。

（三）中资企业投资合作情况

双方在能源、交通基础设施、农业和工业园区等领域开展合作。如表 6-3 所示。

表 6-3　在罗马尼亚中国公司经贸重点合作项目

公司名称	主要大型工程项目
华为技术有限公司	承建罗马尼亚电信
上海 ABB 工程有限公司	承建雷诺罗马尼亚 DACIA 车身自动焊接系统项目
中国电力工程顾问集团西南电力设计院有限公司	承建罗马尼亚罗维纳里燃煤电站工程

数据来源：中国驻罗马尼亚大使馆经商参处。

罗马尼亚与浙江的经贸往来密切，货物往来频繁，例如浙江温州乐清市华东控股集团生产的 PU、TPR、PVC、聚氨酯等高中档鞋底鞋材和塑胶跑道输往罗马尼亚，获得好评。

第四节　捷克

（一）基本介绍

【国名】捷克共和国(The Czech Republic)，简称"捷克"。

【面积】约 78866 平方千米。

【人口】约 1068 万(截至 2019 年)。

【首都】布拉格。

【时差】比北京时间晚 7 小时。

【气候】捷克地处北温带，典型温带大陆性气候，四季分明，夏季平均气温约 18.5℃，冬季平均气温约－3℃，气候湿润，年均降水量 683 毫米。

【官方语言】官方语言为捷克语，属于斯拉夫语系，是捷克人的母语。

【货币】捷克克朗(1SEK＝0.3040CNY,2019 年 10 月平均汇率)。

【经济】捷克工业历史悠久,在机械、电子、化工和制药、冶金、环保、能源等行业有着雄厚基础,许多工业产品,如汽车、纺织机械、机床、电站设备、光学仪器、环保设备、生物制药等领域在全世界享有盛誉。

【资源】捷克褐煤、硬煤和铀资源较丰富,其中褐煤和硬煤储量约为 134 亿吨,分别居世界第 3 位和欧洲第 5 位。捷克森林资源丰富,面积达 265.5 万公顷,森林覆盖率为 34％,在欧盟居第 12 位。捷克拥有 420 万公顷农业用地,其中 300 万公顷耕地,农产品可基本实现自给自足。

【双边贸易】据中国海关统计,2019 年 1—12 月,中捷贸易进出口额 1215.09 亿元人民币,同比增长 12.5％。其中,中方对捷出口 895.97 亿元人民币,同比增长 13.4％;自捷进口 319.12 亿元人民币,同比增长 10.1％;中方贸易顺差 576.85 亿元人民币。捷克是中国在中东欧的第二大贸易伙伴。同时,双边贸易的商品结构不断优化,机电产品占中国对捷克出口的 77.5％。中国对捷克出口商品主要包括:机电产品;贱金属及制品;家具、玩具、杂项制品;纺织品及原料;塑料、橡胶;运输设备;化工产品;光学、钟表、医疗设备;鞋靴、伞等轻工产品;皮革制品及箱包。中国从捷克进口商品主要包括:机电产品;运输设备;光学、钟表、医疗设备;家具、玩具、杂项制品;塑料、橡胶;贱金属及制品。

【对捷投资】据中国商务部统计,2018 年当年中国对捷克直接投资流量 1.1 亿美元。截至 2018 年末,中国对捷克直接投资存量 2.7 亿美元。

【合作领域】涉及能源、金融、核电、航空、酿酒、化工等多个领域。

（二）投资环境

【中捷关系】1949 年 10 月 6 日，中国同原捷克斯洛伐克建交。1993 年 1 月 1 日起我国承认捷克共和国，并与其建立大使级外交关系。

【营商环境】在世界银行 2019 年 10 月 24 日发布的《2020年营商环境报告》中，捷克在 190 个经济体中排名第 41 位。

【全球竞争力】世界经济论坛在 2019 年 10 月 9 日发布《2019 年全球竞争力报告》，捷克在全球最具竞争力的 141 个国家和地区中排名第 32 位。

【重点/特色产业】汽车工业在捷克已有 100 多年历史，是捷克国民经济支柱产业；捷克有数百家汽车零部件制造供应商，世界汽车零部件厂商 50 强有一半在捷克投资，并且越来越多的知名汽车厂家将其设计、创新和技术研发中心设在捷克，从而形成密集完整的汽车产业链，使捷克成为世界上汽车制造、设计与研发集中程度最高的国家之一；机械制造业是捷克最重要的制造行业之一，目前，捷克机床、电站设备、锅炉、矿山机械、食品机械、环保设备、纺织机械及军工产品等在国际上有较强竞争力；电气电子工业也是捷克制造业第一大出口行业，出口产品主要有强电流设备、计算机设备和电子配件等；捷克在生物技术领域经验丰富；捷克制药技术具有较高水平；捷克拥有丰富的温泉资源，水疗服务业发展迅速。捷克境内共有 30多家水疗（SPA）中心，多集中在被称为"西波希米亚温泉三角地带"的 3 个温泉小镇——卡罗维发利、玛利亚和弗朗季谢克。

【商务成本】捷克地处欧洲中心，铁路、公路、航空和水路交通便利，基础设施良好；捷克人口受教育水平和素质普遍较高，劳动成本相对较低。2018 年，捷克人均月工资 1262 美元。

（三）中资企业投资合作情况

在捷克投资的中国企业有近 40 家,主要投资领域有绿地投资、高科技领域、金融行业和传统行业等。如表 6-4 所示。

表 6-4 在捷克中国公司经贸重点合作项目

公司名称	主要大型工程项目
华为技术有限公司	承建捷克电信
四川长虹电器股份有限公司	电器制造
宁波继峰汽车零部件股份有限公司	汽车制造
万丰航空工业有限公司	航空制造
中远集装箱运输有限公司	交通运输与储存
中国进出口银行	金融业
上海华信集团	房地产及娱乐业

数据来源:中国驻捷克大使馆经商参处。

捷克与浙江的经贸往来密切,例如由浙江华捷投资发展有限公司负责具体运营的"一带一路"捷克站,该公司由义乌商城集团、义乌国际陆港集团和圆通集团三家公司共同投资组建。捷克站具有服务中心、贸易中转、物流中枢功能,将被建设成为集合物流、商贸、加工制造、综合服务等区块的开放综合体。

第五节　斯洛伐克

（一）基本介绍

【国名】斯洛伐克共和国(Slovak Republic),简称斯洛伐克。

【面积】约 4.9 万平方千米。

【人口】约 545 万(截至 2019 年)。

【首都】布拉迪斯拉发。

【时差】比北京时间晚 7 小时。

【气候】斯洛伐克属海洋性向大陆性气候过渡的温带气候,四季交替明显。年平均气温 9.8℃。1 月最冷时气温在－10℃至 16℃之间,7 月最热时可达 36℃。

【官方语言】官方语言为斯洛伐克语。

【货币】欧元(1EUR = 7.6439CNY,2019 年 10 月平均汇率)。

【经济】近年来,大量外国企业到斯洛伐克投资,并形成了汽车、电子等以外资企业为主的支柱产业,成为推动斯洛伐克经济和出口快速增长的主要动力之一。

【资源】斯洛伐克矿泉资源异常丰富,拥有 1200 多个矿泉水源。同时,斯洛伐克温泉开发历史悠久,皮耶什加尼和博耶尼采温泉等都是享誉欧洲的疗养胜地;金矿开采历史悠久,霍德鲁夏地区金矿含金量较高。

【双边贸易】据中国海关统计,2019 年 1—12 月,中斯贸易进出口额 612.03 亿元人民币,同比增长 18.7%。其中,中方对斯出口 201.91 亿元人民币,同比增长 20.5%;自斯进口410.12亿元人民币,同比增长 17.8%;中方贸易逆差 208.21 亿元人民币。斯洛伐克是中国在中东欧第五大贸易合作伙伴。中国对斯洛伐克出口商品主要类别:船舶及浮动结构体;皮革制品;旅行箱包;动物肠线制品;机械器具及零件;电机、电气、音像设备及其零附件;钢铁制品;针织或钩编的服装及衣着附件;鞋靴、护腿和类似品及其零件;非针织或非钩编的服装及衣着附件;无机化学品;贵金属等的化合物;肥料。中国自斯洛伐克进口商品主要类别:车辆及其零附件,但铁道车辆除外;机械器具及零件;木及木制品;木炭;鞋靴、护腿和类似品及其零件;塑料及其制品;贱金属杂项制品;电机、电气、音像设备及其零附件;光学、照相、医疗等设备及零附件;钟表及其零件;家具;寝具等;灯具;活动房。

【对斯投资】据中国商务部统计,2018年当年中国对斯洛伐克直接投资流量0.1亿美元。截至2018年末,中国对斯洛伐克直接投资存量0.9亿美元。

【合作领域】在投资、商业、贸易、交通、旅游、科研及创新等领域开展合作。

(二)投资环境

【中斯关系】中国同原捷克斯洛伐克于1949年10月6日建交。1993年1月1日,斯洛伐克共和国成为独立主权国家,中国即予以承认并与之建立大使级外交关系。

【营商环境】在世界银行2019年10月24日发布的《2020年营商环境报告》中,斯洛伐克在190个经济体中排名第45位。

【全球竞争力】世界经济论坛在2019年10月9日发布《2019年全球竞争力报告》,斯洛伐克在全球最具竞争力的141个国家和地区中排名第42位。

【重点/特色产业】汽车工业是斯洛伐克主要支柱产业之一,具有"外资主导,出口导向"的特点,在其经济中占有重要的战略地位;电子工业是斯洛伐克经济的重要产业之一;斯洛伐克冶金和机械制造业历史悠久,主要产品有:建筑机械、林业机械、电站及其他锅炉、铁路机车、车厢、机床、教练机发动机、医疗器械、轴承等;斯洛伐克自然风光静谧质朴,历史文物景点众多,拥有城堡、温泉、雪山、森林、喀斯特岩洞等多种旅游资源。自斯洛伐克加入欧盟和申根协定后,旅游业成为斯洛伐克发展迅速、前景广阔的产业之一。

【商务成本】斯洛伐克拥有优质的劳动力资源,其劳动生产率和劳动成本比在中东欧国家中最高。劳动力中受过中高等教育的人数比例在所有欧洲国家中排名第一。基础设施较完善。2018 年,斯洛伐克人均月工资 1052 美元。

（三）中资企业投资合作情况

双方在电信、研发、机械、农业和新能源等诸多领域的合作取得积极进展。如表 6-5 所示。

表 6-5　在斯洛伐克中国公司经贸重点合作项目

公司名称	主要大型工程项目
联想欧洲分公司	AI 技术和超算中心
ZVL AUTO 汽车轴承厂	汽车轴承
青岛软控欧洲研发和技术中心	研究轮胎装备、工艺技术的欧洲研发中心
中车集团控股汽车零配件厂	齿轮研究
海鹰集团控股 IEE 斯洛伐克公司	汽车电子领域
国新国际公司尼特拉物流园	物流园

数据来源:中国驻斯洛伐克大使馆经商参处。

斯洛伐克与浙江的经贸往来密切,除了常规的货物贸易往来,还有国际旅游文化交流。

第六节　保加利亚

（一）基本介绍

【国名】保加利亚共和国(The Republic of Bulgaria),简称保加利亚。

【面积】约 11.1 万平方千米。

【人口】约 700 万(截至 2019 年)。

【首都】索非亚。

【时差】比北京时间晚 6 小时。

【气候】保加利亚完全处于北半球大陆温带的最南端,北部为大陆性气候,南部则为地中海气候。年平均气温10.5℃,最冷的 1 月份平均气温为－2—2℃,最热的 7 月份平均气温为23—25℃。

【官方语言】保加利亚官方语言为保加利亚语。

【货币】保加利亚列弗(1BGN＝3.8351CNY,2019 年 10 月平均汇率)。

【经济】保加利亚与欧盟其他国家相比,经济基础仍较落后,创新能力较低,经济保持低速增长。

【资源】保加利亚自然资源贫乏。主要矿物有煤、铅、锌、铜、铁、钡、锰和铬,还有矿盐、石膏、陶土、重晶石、萤石矿等非金属矿产。森林面积 408 万公顷,约占全国总面积的 37％。

【双边贸易】据中国海关统计,2019 年 1—12 月,中保贸易进出口额 187.35 亿元人民币,同比增长 9.8％。其中,中方对保出口 107.23 亿元人民币,同比增长 12.9％;自保进口 80.12亿元人民币,同比增长 5.8％;中方贸易顺差 27.11 亿元人民币。贱金属及其制品是保加利亚对中国出口的主力产品,其中最主要的出口产品是铜及其制品。保加利亚玫瑰产品、酸奶、葡萄酒和其他优质产品在中国市场也日益受到消费者的青睐。保加利亚自中国进口的主要商品为机电产品、贱金属及其制品和家具玩具。

【对保投资】据中国商务部统计,2018 年当年中国对保加利亚直接投资流量－168 万美元。截至 2018 年末,中国对保加利亚直接投资存量 1.7 亿美元。

【合作领域】在电信、农业、汽车、制造业、交通基础设施建设等领域开展合作。

（二）投资环境

【中保关系】保加利亚于 1949 年 10 月 4 日与中国建立大使级外交关系,是世界上第二个承认中华人民共和国的国家。

【营商环境】在世界银行 2019 年 10 月 24 日发布的《2020 年营商环境报告》中,保加利亚在 190 个经济体中排名第 61 位。

【全球竞争力】世界经济论坛在 2019 年 10 月 9 日发布《2019 年全球竞争力报告》,保加利亚在全球最具竞争力的 141 个国家和地区中排名第 49 位。

【重点/特色产业】化工工业是保加利亚的传统优势行业。生产和出口的化工产品主要有:无机化工产品、化肥、碳酸灰、塑料、PVC、聚酰胺、化纤、油漆、酞酸盐、清洁剂、医药原料、香水、化妆品、香精等;保加利亚享有"玫瑰之国"的美誉,其玫瑰油产量全球第二,玫瑰油有"液体黄金"之称,用于香水、化妆品及制药和食品工业领域;酿酒业是保加利亚经济的重要传统产业,20 世纪七八十年代,保加利亚是全球第二大瓶装葡萄酒出口国;保加利亚软件行业是最具投资吸引力和创新能力的领域,每年获得两位数百分比的增长;保加利亚乳制品加工历史长、品种全,是酸奶的发源地,主要乳制品是牛奶、酸奶和奶酪(白酪和黄酪);保加利亚地形多变、气候宜人、旅游资源丰富,被誉为"上帝的后花园"。旅游业是保加利亚经济的支柱产业。

【商务成本】保加利亚基础设施完善,人力资源充足,全年失业人口达 20.7 万人。2018 年,保加利亚人均月工资 670 美元。

（三）中资企业投资合作情况

在保加利亚开展投资、经营的中资企业主要有 20 余家。中国企业在保加利亚投资经营主要集中在以下四大领域:一是汽车,二是农业合作,三是通信领域,四是可再生能源项目。如表 6-6 所示。

表6-6 在保加利亚中国公司经贸重点合作项目

公司名称	主要大型工程项目
华为技术有限公司	承建保加利亚电信
镇江国际经济技术合作有限公司	承建保加利亚大使馆新建项目
宇通集团	中标索非亚市政 110 辆公交车项目
伊赫迪曼光伏项目	太阳能光伏发电站
天津农垦集团	农业项目

数据来源:中国驻保加利亚大使馆经商参处。

保加利亚与浙江的经贸往来密切、文化交流广泛。宁波诺丁汉大学的志愿者曾前往保加利亚交流中国国画和书法,同时宁波市交响乐团也亮相保加利亚音乐厅。两地也在农产品产业上携手合作,其中保加利亚的红酒和高山茶较受浙江消费者青睐。

第七节 匈牙利

(一)基本介绍

【国名】匈牙利(Hungary)。

【面积】约 9.3 万平方千米。

【人口】约 976.4 万(截至 2019 年)。

【首都】布达佩斯。

【时差】比北京时间晚 7 小时。

【气候】匈牙利地处北半球温带区内,是大陆性气候、温带海洋性气候和地中海亚热带气候的交汇点,但受大陆性气候的影响最大,整体仍属大陆性温带阔叶林气候。全年平均气温为 10℃。

【官方语言】官方语言为匈牙利语,英语、德语亦很普及。

【货币】匈牙利福林(1HUF＝0.0226CNY,2019 年 10 月平均汇率)。

【经济】匈牙利属中等发达国家,2017 年人均 GDP 超过 1.4万美元,经济发展水平在中东欧地区位居前列。2017 年经济增长 4%,外贸进出口额为 2176.9 亿美元,创历史新高。在经济稳步增长的同时,成功抑制了通货膨胀,2017 年通货膨胀率为 2.4%。2017 年末匈牙利失业率仅为 3.8%,全年平均失业率 4.2%。

【资源】匈牙利农业基础较好,国土面积的 62% 为农业用地,土地肥沃,主要农作物有小麦、玉米、向日葵、甜菜、马铃薯等。水资源丰富,全国三分之二的地区有地热水资源。全国森林覆盖率约为 24%。矿产资源比较贫乏,除铝矾土储量居欧洲第 3 位。匈牙利旅游资源丰富,美丽的自然风光与壮丽古老的建筑交相辉映,全国有 8 处被联合国列入《世界文化与自然遗产名录》,另外还有 9 处国家公园。

【双边贸易】据中国海关统计,2019 年 1—12 月,中匈贸易进出口额 704.35 亿元人民币,同比减少 1.6%。其中,中方对匈出口 446.11 亿元人民币,同比增长 3.7%;自匈进口 258.23 亿元人民币,同比减少 9.6%;中方贸易顺差 187.88 亿元人民币。匈牙利仍是中东欧地区向中国出口最多的国家,中国仍是匈牙利在欧洲以外最大的贸易伙伴,匈牙利则是中国在中东欧地区第三大贸易伙伴。

【对匈投资】据中国商务部统计,2018 年当年中国对匈牙利直接投资流量 0.9 亿美元。截至 2018 年末,中国对匈牙利直接投资存量 3.2 亿美元。投资领域涵盖化工、金融、通信设备、新能源、物流等行业,在匈牙利的中资企业雇用当地员工超过 1 万人,匈牙利已成为中国在中东欧地区最重要的投资目的地。

【合作领域】合作领域涵盖化工、金融、通信设备、新能源、物流等行业。

(二)投资环境

【中匈关系】1949 年 10 月 6 日,中国与匈牙利建立大使级外交关系。匈牙利地处欧洲中部,是东西方交汇处,也是我国推进"一带一路"建设的必经之地。

【营商环境】在世界银行 2019 年 10 月 24 日发布的《2020 年营商环境报告》中,匈牙利在 190 个经济体中排名第 52 位。

【全球竞争力】世界经济论坛在 2019 年 10 月 9 日发布《2019 年全球竞争力报告》,匈牙利在全球最具竞争力的 141 个国家和地区中排名第 47 位。

【重点/特色产业】匈牙利人极富创新精神,有"发明家民族"的美誉,共产生了 15 位诺贝尔奖得主,魔方、维生素 C、圆珠笔、火柴、全息照相术等都是匈牙利人的杰出发明。匈牙利在汽车、电子信息、生物制药、水处理、农业、食品加工等行业具有优势,许多技术和工艺极具特色,很多大型跨国公司均在匈牙利设立研发中心。其中汽车工业是匈牙利支柱产业,世界 20 家一级汽车供应商有 14 家落户匈牙利。匈牙利制药业历史悠久,是该国最富竞争力的产业之一。匈牙利是中东欧地区第一大药品生产和出口国。匈牙利是中东欧地区最大的电子产品生产国和世界电子工业主要生产基地。匈牙利地理位置优越,是中东欧地区重要的交通枢纽之一。

【商务成本】匈牙利地处欧洲心脏,基础配套设施完备,物流、通信网络发达,全国建有 200 多个工业园。匈牙利劳动力成本在中东欧地区是最低的,平均工资比西欧国家要低 1/3 左右,但是劳动力素质普遍较高,技术性人才充足。中国员工在匈牙利生活便利,有完备的配套设施。2018 年,匈牙利人均月工资 589.8 美元。

(三)中资企业投资合作情况

双方合作涉及金融、化工、通信设备等领域。如表 6-7 所示。

表 6-7 在匈牙利中国公司经贸重点合作项目

公司名称	主要大型工程项目
烟台万华集团	化工
华为技术有限公司	通信设备
中兴通讯股份有限公司	通信设备
中国银行	金融
格林斯乐太阳能设备有限公司	太阳能设备
中欧商贸物流合作园区	商贸物流
威斯卡特工业有限公司	汽车零部件
比亚迪股份有限公司	汽车(电动大巴)

数据来源:中国驻匈牙利大使馆经商参处。

匈牙利与浙江的经贸往来密切,例如宁波均胜电子有限公司与匈牙利签署投资协议,就汽车安全气囊生产的技术升级和设备改造达成合作。另外,"青田·匈牙利海外人才驿站"在匈牙利首都布达佩斯成立,为两国的人才交流搭建桥梁。同时,双方文化交流也比较普遍。

第八节 拉脱维亚

(一)基本介绍

【国名】拉脱维亚共和国(The Republic of Latvia),简称拉

脱维亚。

【面积】约 6.45 万平方千米。

【人口】约 192.4 万(截至 2018 年)。

【首都】里加。

【时差】比北京时间晚 6 小时。

【气候】拉脱维亚气候属海洋性气候向大陆性气候过渡的中间类型。拉脱维亚全年约有一半时间为雨雪天气。

【官方语言】官方语言为拉脱维亚语,通用俄语,对外交往中也可使用英语。

【货币】欧元(1EUR = 7.6439CNY,2019 年 10 月平均汇率)。

【经济】拉脱维亚奉行自由经济政策,其木材加工、绿色食品、创意设计、制药化妆和交通运输、批发零售等行业较为发达。拉脱维亚区位优势明显,拥有 3 个国际性不冻海港和波罗的海三国中最大的里加国际机场,经其中转的货物可在 48 小时内覆盖波罗的海东岸、独联体和斯堪的纳维亚地区 2640 万人口的市场。

【资源】拉脱维亚主要资源有石灰石、石膏、白云石、石英砂、用于建筑和筑路的砂砾以及泥炭。拉脱维亚是东北欧泥炭主要输出国,泥炭可开采储量 1.9 亿吨,位居全球前 10。内陆水域面积达 2419 平方千米,为水产业提供了良好的天然场所,波罗的海蕴有丰富的鱼类资源。拉脱维亚森林资源丰富,占国土面积的 49%,森林覆盖率位居欧洲第 4。拉脱维亚石油和天然气资源极少,完全依赖进口。

【双边贸易】中国现为拉脱维亚除欧盟外的第二大贸易伙伴。据中国海关统计,2019 年 1—12 月,中巴贸易进出口额 88.93 亿元人民币,同比减少 2.2%。其中,中方对拉出口

75.47亿元人民币,同比减少1.8%;自拉进口13.45亿元人民币,同比减少4.3%;中方贸易顺差62.02亿元人民币。木材及木制品、机电产品和矿产品是拉脱维亚对中国出口的主要产品,自中国进口的主要商品为机电产品、塑料橡胶和贱金属及制品。

【对拉投资】据中国商务部统计,2018年当年中国对拉脱维亚直接投资流量1068万美元。截至2018年末,中国对拉脱维亚直接投资存量1170万美元。

【合作领域】在项目融资、同业授信、规划咨询、培训交流、高层对话、政策沟通、信息共享等领域合作。

(二)投资环境

【中拉关系】1991年9月12日,拉脱维亚同中国建立大使级外交关系。中拉双方迄今已签署了经贸合作协定、投资保护协定、避免双重征税协定、科技合作协定、民用航空运输协定、商检协定等经贸领域法律文件。在金融领域,拉脱维亚国家金融发展机构ALTUM加入了由中国国家开发银行与中东欧金融机构共同发起的中国—中东欧银联体。

【营商环境】在世界银行2019年10月24日发布的《2020年营商环境报告》中,拉脱维亚在190个经济体中排名第19位。

【全球竞争力】在世界经济论坛2019年10月9日发布的《2019年全球竞争力报告》中,拉脱维亚在全球最具竞争力的141个国家和地区中排名第41位。

【重点/特色产业】拉脱维亚经济的4个基石是农业、化工、物流和木材加工,其他著名的行业包括纺织、食品加工、机械生产和绿色技术;转运业在拉脱维亚是仅次于林业及木材加工业的第二大国民经济部门;其旅游业、化工医疗产业也在迅速发展。

【商务成本】高素质和相对低廉的劳动力资源。2018年，拉脱维亚人均月工资1020.452美元。

（三）中资企业投资合作情况

中资企业主要投资领域为通信行业、木材加工、建筑、电气设备、房地产和酒店餐饮。如表6-8所示。

表6-8 在拉脱维亚中国公司经贸重点合作项目

公司名称	主要大型工程项目
华为技术拉脱维亚子公司	电子通信设施
施丹兰公司	日化用品
拉脱维亚华大智造有限责任公司	中欧生命健康研究
通宇通讯（拉脱维亚）有限责任公司	天线生产

数据来源：中国驻拉脱维亚大使馆经商参处。

拉脱维亚与浙江的经贸往来密切，例如中国（宁波）拉脱维亚跨境电子商务港湾在拉脱维亚首都里加启动，推进跨境电商的发展。同时，浙江义乌每年举行的文交会和旅博会，也加快了与拉脱维亚等国的文旅合作。

第九节 立陶宛

（一）基本介绍

【国名】立陶宛共和国（The Republic of Lithuania），简称立陶宛。

【面积】约6.53万平方千米。

【人口】约281万（截至2018年）。

【首都】维尔纽斯。

【时差】比北京时间晚5小时。

【气候】立陶宛气候属海洋性气候向大陆性过度气候,冬季较长,多雨雪,日照少;夏季较短而凉爽,日照时间较长。

【官方语言】官方语言为立陶宛语,多数居民懂俄语。

【货币】欧元(1EUR = 7.6439CNY,2019 年 10 月平均汇率)。

【经济】立陶宛经济形势良好,区位优势明显,是欧盟、欧元区、申根协定、经合组织和北约成员,可以充分享受欧洲经济一体化、集体防卫等制度安排带来的货物、人员自由流动等便利、透明、稳定、规范、市场预期。安全生命科学、激光技术、金融科技、交通物流、农业食品、木材加工等产业具有国际竞争力。

【资源】立陶宛的森林和水资源较为丰富。森林面积 219 万公顷,森林覆盖率为 33.5%,水域面积超过 880 平方千米。生态环境好,野生动物物种丰富,共有 70 多种哺乳动物。国内石油、天然气资源匮乏,依赖进口。

【双边贸易】据中国海关统计,2019 年 1—12 月,中立贸易进出口额 147.36 亿元人民币,同比增长 6.8%。其中,中方对立出口 117.12 亿元人民币,同比增长 0.8%;自立进口 30.23 亿元人民币,同比增加 38.9%;中方贸易顺差 86.89 亿元人民币。

【对立投资】据中国商务部统计,2018 年当年中国对立陶宛直接投资流量-447 万美元。截至 2018 年末,中国对立陶宛直接投资存量 1289 万美元。

【合作领域】在通信、电网设计、电子、纺织、金融、餐饮等领域开展合作。

(二)投资环境

【中立关系】中国与立陶宛于 1991 年 9 月 14 日建立大使级外交关系。

【营商环境】在世界银行 2019 年 10 月 24 日发布的《2020 年营商环境报告》中,立陶宛在 190 个经济体中排名第 11 位。

【全球竞争力】世界经济论坛在 2019 年 10 月 9 日发布《2019 年全球竞争力报告》,立陶宛在全球最具竞争力的 141 个国家和地区中排名第 39 位。

【重点/特色产业】凭借世界领先的宽带速度和中东欧地区最先进的信息和通信技术基础设施,立陶宛正逐渐成为小型软件和游戏开发初创企业以及大型信息和通信技术公司的地区性聚集中心。立陶宛的制造业投资增长速度位列全球第 4,尤其是石油和天然气、机器人、航空和汽车工业领域。激光产业是立陶宛最值得骄傲的产业之一。立陶宛激光研究起步较早,并一直处于先进水平。立陶宛在生命科学领域是中东欧国家中的佼佼者,依靠遗传工程药品及遗传工程相关的生物化学和化学媒介进入西方市场。

【商务成本】立陶宛的基础设施完善,高素质人力资源充足,但工资成本低。2018 年,立陶宛人均月工资 925 美元。

(三)中资企业投资合作情况

有 10 余家中资企业在通信、电网设计、电子、纺织、金融、餐饮等领域合作。如表 6-9 所示。

表 6-9　在立陶宛中国公司经贸重点合作项目

公司名称	主要大型工程项目
华为技术有限公司	电子通信技术
华北电力设计院有限公司	并购的立陶宛 ETI 公司
江苏林洋能源股份有限公司	并购的立陶宛 ELGAMA 公司
IBS 国际商业结算公司	国际结算业务

数据来源:中国驻立陶宛大使馆经商参处。

立陶宛与浙江的经贸往来密切,例如宁波美诺华天康药业有限公司将 300 万片包装发往码头驶往立陶宛,同时立陶宛也将自己的奶酪及其传统手工艺品运输过来,货物贸易往来紧密。

第十节 斯洛文尼亚

(一)基本介绍

【国名】斯洛文尼亚共和国(The Republic of Slovenia),简称斯洛文尼亚。

【面积】约 2.03 万平方千米。

【人口】约 206.7 万(截至 2017 年)。

【首都】卢布尔雅那。

【时差】比北京时间晚 7 小时。

【气候】斯洛文尼亚气候分山地气候、大陆性气候和地中海气候。沿海地区为地中海气候,内陆为温带大陆性气候。1 月平均气温为−2℃,7 月为 21℃。冬季降雪较多,湿度较大。

【官方语言】官方语言为斯洛文尼亚语,属斯拉夫语系,接近塞尔维亚语、克罗地亚语、斯洛伐克语和捷克语。多数国民会说英语、德语和意大利语。

【货币】欧元(1EUR = 7.6439CNY,2019 年 10 月平均汇率)。

【资源】斯洛文尼亚森林覆盖率 66%,位列欧洲第 3,森林资源十分丰富。斯洛文尼亚的矿产资源相对贫乏,但矿泉、温泉和水力资源较为丰富。

【经济】斯洛文尼亚拥有良好的工业和科技基础,以化学、电子设备、机械制造、交通运输和金属制造为支柱的五大产业竞争力强,很多技术处于世界领先水平。斯洛文尼亚经济发展在中东欧地区多年领跑,后劲十足,是国际组织公认的发达国家。斯洛文尼亚经济属于高度外向型,本身经济规模较小,受世界经济特别是欧洲经济的影响很大。此外,斯洛文尼亚自然资源比较匮乏。

【双边贸易】据中国海关统计,2019 年 1—12 月,中斯贸易进出口额 270.60 亿元人民币,同比减少 17.8%。其中,中方对斯出口 235.01 亿元人民币,同比减少 19%;自斯进口 35.58 亿元人民币,同比减少 8.6%;中方贸易顺差 199.43 亿元人民币。中斯双边贸易继续保持较快增长。中国对斯洛文尼亚主要出口:电机、电气、音像设备及其零附件,锅炉、机械器具及零件、有机化学品,等等。中国自斯洛文尼亚主要进口:电机、电气、车辆及其零附件,机械器具、塑料制品、光学照相设备,等等。

【对斯投资】据中国商务部统计,2018 年当年中国对斯洛文尼亚直接投资流量 1328 万美元。截至 2018 年末,中国对斯洛文尼亚直接投资存量 4009 万美元。

【合作领域】在化学、电子设备、机械制造、交通运输和金属制造等方面开展合作。

(二)投资环境

【中斯关系】1992 年 4 月 27 日,中国正式承认斯洛文尼亚,5 月 12 日两国正式建立外交关系。斯洛文尼亚政府积极响应中国的"一带一路"倡议,借助"一带一路"倡议送来的春风,依靠中国—中东欧合作这个重要的平台,两国在经贸和人文领域的交流注入了新的动力和活力。

【营商环境】在世界银行 2019 年 10 月 24 日发布的《2020 年营商环境报告》中,斯洛文尼亚在 190 个经济体中排名第 37 位。

【全球竞争力】世界经济论坛在 2019 年 10 月 9 日发布

《2019 年全球竞争力报告》,斯洛文尼亚在全球最具竞争力的 141 个国家和地区中排名第 35 位。

【重点/特色产业】斯洛文尼亚拥有良好的工业、科技基础。具有比较优势的产业主要是:汽车产品制造业、金属加工业、化学与医药制造业、能源生产业、电气电子和电信产品及服务业、旅游业。斯洛文尼亚零售批发企业增长最快的领域是药品、医疗器械和化妆品,其次是烟草、绿色商品、服装鞋类。

【商务成本】劳动力素质高,成本较西欧、北欧低廉,在欧洲居中等水平,但由于人力资源缺乏,国内部分岗位供求失衡,为外籍劳工进入提供了条件。2018 年,斯洛文尼亚人均月工资 1791.8 美元。

(三)中资企业投资合作情况

双方在制造、通信、工程承包、医疗等领域合作。如表 6-10 所示。

表 6-10　在斯洛文尼亚中国公司经贸重点合作项目

公司名称	主要大型工程项目
中国建筑工程总公司	承建斯洛文尼亚马里博尔机场扩建项目
华为在卢布尔雅那分公司	电子通信
浙江亚太机电股份有限公司	机电项目
中国私募股权公司汉德资本	主要生产医疗、齿科和美容整形领域的高性能激光设备

数据来源:中国驻斯洛文尼亚大使馆经商参处。

斯洛文尼亚与浙江的经贸往来密切,浙江省通过中东欧国家投资合作洽谈会促进两国货物贸易往来,特别是农产品贸易。

第十一节　爱沙尼亚

（一）基本介绍

【国名】爱沙尼亚共和国（Republic of Estonia），简称爱沙尼亚。

【面积】约 45339 平方千米。

【人口】约 132.9 万（截至 2019 年）。

【首都】塔林。

【时差】比北京时间晚 6 小时。

【气候】爱沙尼亚气候属海洋性气候，受海洋影响明显，春季凉爽少雨，夏秋季温暖湿润，冬季寒冷多雪，年均气温 6.8℃。

【官方语言】爱沙尼亚语为官方语言。英语、俄语亦被广泛使用。

【货币】欧元（1EUR＝7.6439CNY，2019 年 10 月平均汇率）。

【经济】爱沙尼亚现为欧盟、欧元区、申根区成员国，也是北约、经合组织成员。

【资源】爱沙尼亚森林面积为 231.25 万公顷，森林覆盖率达 50％；油页岩是爱沙尼亚电力的主要燃料。爱沙尼亚淡水资源丰富，拥有大小河流 7000 多条，但落差小，发电能力弱。

【双边贸易】据中国海关统计，2019 年 1—12 月，中爱贸易进出口额 84.07 亿元人民币，同比无变化。其中，中方对爱出口 63.49 亿元人民币，同比减少 6.6％；自爱进口 20.58 亿元人民币，同比增加 27.5％；中方贸易顺差 42.91 亿元人民币。

【对爱投资】据中国商务部统计，2018 年当年中国对爱沙尼亚直接投资流量 5322 万美元。截至 2018 年末，中国对爱沙尼亚直接投资存量 5684 万美元。

【合作领域】在电商物流、清洁能源、高新科技等领域合作。

（二）投资环境

【中爱关系】1991 年 9 月 11 日,中爱两国建交。2017 年,在中国—中东欧领导人会晤期间,两国签订了"一带一路"合作备忘录、数字丝路合作备忘录和电子商务合作备忘录等三项合作文件。

【营商环境】在世界银行 2019 年 10 月 24 日发布的《2020年营商环境报告》中,爱沙尼亚在 190 个经济体中排名第18 位。

【全球竞争力】世界经济论坛在 2019 年 10 月 9 日发布《2019 年全球竞争力报告》,爱沙尼亚在全球最具竞争力的 141个国家和地区中排名第 31 位。

【重点/特色产业】爱沙尼亚工业包括制造业、矿产业和电力、天然气及热力供应。制造业是爱沙尼亚支柱产业之一;爱沙尼亚的建筑业和房地产业也在爱沙尼亚的经济中占有一席之地。交通运输业在爱沙尼亚国民经济发展中起着举足轻重的作用。爱沙尼亚电信和 IT 业发达,在欧盟处于领先地位。爱沙尼亚旅游业较为发达。森林覆盖率近 50%,保留完好的众多中世纪古迹,自然迤逦的田园风光和明媚的海边度假胜地,每年都会吸引大批欧洲游客前来观光。

【商务成本】爱沙尼亚水、电、气价格逐年上涨,但与北欧国家相比仍有一定价格优势。爱沙尼亚劳动力素质高,但人口老龄化,生育率下降。新增劳动人口中,社会科学类毕业生比例大大高于自然科学类毕业生,高素质、高技能人才外流严重。2018 年,爱沙尼亚人均月工资 1273 美元。

（三）中资企业投资合作情况

在爱沙尼亚的中资企业共有近 10 家,多为当地华商经营的私营企业,主要集中在贸易、餐饮、旅游和中医保健等领域。如表 6-11 所示。

表 6-11 在爱沙尼亚中国公司经贸重点合作项目

公司名称	主要大型工程项目
华为公司爱沙尼亚公司	电子通信
同方威视技术股份有限公司	承建爱沙尼亚 2016 海关项目

数据来源:中国驻爱沙尼亚大使馆经商参处。

爱沙尼亚与浙江的经贸往来密切,浙江省通过中东欧国家投资合作洽谈会促进两国货物贸易往来。双方农产品贸易往来较多。

第十二节 克罗地亚

(一)基本介绍

【国名】克罗地亚共和国(The Republic of Croatia),简称克罗地亚。

【面积】约 56594 平方千米,岛屿众多,有"千岛之国"之称,海岸线长 1777.7 千米。

【人口】约 408 万(截至 2018 年)。

【首都】萨格勒布。

【时差】比北京时间晚 7 小时。

【气候】克罗地亚北部为温带大陆性气候,四季分明,夏季温和,7 月份平均气温 18—22℃,冬季寒冷,气温低于 0℃。

【官方语言】官方语言为克罗地亚语(与塞尔维亚语、波斯尼亚语、黑山语相通),英语普及程度很高。

【货币】克罗地亚库纳(1HRK＝1.0280CNY,2019 年 10 月平均汇率)。

【经济】克罗地亚是巴尔干地区经济较为发达的国家,经济基础良好。加入欧盟后,政策法律强调与欧盟的全面对接,市场范围扩大,投资风险降低;金融体系较为稳定,致力于加入欧元区;地理位置优越,是进入中欧和东南欧地区的门户;港口设施较完善,公路路网密集,公路运输快捷,铁路、水运较为便利;社会治安良好;森林、水资源丰富;旅游、造船、医药等产业发达。

【资源】克罗地亚森林和水力资源丰富,全国森林面积268.9万公顷,森林覆盖率为47%。主要矿产资源有石油、天然气、煤、铝矾土。同时,克罗地亚出产优质的泥灰石,其他矿产有铁、锰、石墨等,有丰富的石油和天然气储藏。

【双边贸易】据中国海关统计,2019年1—12月,中克贸易进出口额106.18亿元人民币,同比增长4.7%。其中,中方对克出口96.19亿元人民币,同比增长10.1%;自克进口9.99亿元人民币,同比减少28.6%;中方贸易顺差86.20亿元人民币。中国对克罗地亚出口商品主要类别:机电产品、纺织品、服装及鞋类等。中国从克罗地亚进口主要商品类别:锯木板材、建筑用石材、牛皮及皮革制品、聚乙烯、橡胶或塑料成型机器。

【对克投资】据中国商务部统计,2018年当年中国对克罗地亚直接投资流量2239万美元。截至2018年末,中国对克罗地亚直接投资存量6908万美元。

【合作领域】集中于固定资产、批发零售业和宾馆餐饮业等领域。

(二)投资环境

【中克关系】1992年5月13日中克建交。2005年,两国建立全面合作伙伴关系。克罗地亚位于"一带一路"的交汇地区,是中国—中东欧合作机制的国家之一,支持"一带一路"建设和"16+1"合作。

【营商环境】在世界银行 2019 年 10 月 24 日发布的《2020年营商环境报告》中,克罗地亚在 190 个经济体中排名第51 位。

【全球竞争力】世界经济论坛在 2019 年 10 月 9 日发布《2019 年全球竞争力报告》,克罗地亚在全球最具竞争力的 141个国家和地区中排名第 63 位。

【重点/特色产业】克罗地亚是地中海旅游胜地,旅游业有悠久历史,是克罗地亚支柱产业。克罗地亚造船业已有几百年的历史,技术水平较高,排在欧洲第 2 位,仅次于罗马尼亚;克罗地亚造船业在全球排在第 9 位。林业资源丰富,约占国土面积的 48.75%,木材出口中,制成品占比 70%,主要有家具、地板、建筑用木材、木屋和门窗配件等。

【商务成本】克罗地亚基础设施完善。与经济发展水平相近的其他欧盟国家相比,克罗地亚商品和服务价格偏高,仅略低于购买力较强的发达国家。克罗地亚劳动力素质较高,除旅游业旺季劳动力紧张外,其他行业劳动力资源比较充裕。2018年,克罗地亚人均月工资 1838 美元。

(三)中资企业投资合作情况

双方在固定资产、批发零售业和宾馆餐饮业等领域合作。如表 6-12 所示。

表 6-12　在克罗地亚中国公司经贸重点合作项目

公司名称	主要大型工程项目
路桥公司	佩列莎茨大桥工程
中建材国际公司	港机设备
华为公司驻克罗地亚办事处	电子通信

数据来源:中国驻克罗地亚大使馆经商参处。

克罗地亚与浙江的经贸往来密切。浙江省通过中东欧国家投资合作洽谈会促进两国货物贸易往来,特别是农产品贸易往来密切。同时克罗地亚同浙江省跨境电商协会合作,促进其跨境电商的发展。另外,两地的文旅交流日趋频繁。

第十三节 阿尔巴尼亚

(一)基本介绍

【国名】阿尔巴尼亚共和国(The Republic of Albania),简称阿尔巴尼亚。

【面积】约 2.87 万平方千米。

【人口】约 287 万(2018 年)。

【首都】地拉那。

【时差】比北京时间晚 7 小时。

【气候】阿尔巴尼亚属亚热带地中海式气候。降雨量充沛,年均 1300 毫米。

【官方语言】官方语言为阿尔巴尼亚语。主要流行的外语有英语、希腊语、意大利语和德语。

【货币】阿尔巴尼亚列克(1ALL=0.0579CNY,2019 年 10 月平均汇率)。

【经济】阿尔巴尼亚地理位置优越,邻近西欧发达国家市场,产品销往欧盟市场具有关税和物流成本优势;劳动力资源丰富,劳动力成本较低;自然条件优越、气候温和,无严重自然灾害。

【资源】阿尔巴尼亚水力资源、太阳能资源丰富。矿产资源种类较多,有石油、天然气、沥青、褐煤、石灰石、铬、铜和镍等。阿尔巴尼亚是世界上铬矿资源比较丰富的国家,铬矿储量在欧洲居第 2 位,铬矿生产量居全球前 10。阿尔巴尼亚有着欧洲陆上最大的油田,石油年产量超过 140 万吨。

【双边贸易】据中国海关统计,2019 年 1—12 月,中阿贸易进出口额 48.50 亿元人民币,同比增长 13.9%。其中,中方对阿出口 41.41 亿元人民币,同比增长 16.6%;自阿进口 7.09 亿元人民币,同比增长 0.3%;中方贸易顺差 34.32 亿元人民币。

【对阿投资】据中国商务部统计,2018 年当年中国对阿尔巴尼亚直接投资流量 172 万美元。截至 2018 年末,中国对阿尔巴尼亚直接投资存量 642 万美元。

【合作领域】交通基础设施、能源、矿业、旅游、农业等领域合作。

(二)投资环境

【中阿关系】阿尔巴尼亚和中国于 1949 年 11 月 23 日建交。

【营商环境】在世界银行 2019 年 10 月 24 日发布的《2020 年营商环境报告》中,阿尔巴尼亚在 190 个经济体中排名第 82 位。

【全球竞争力】世界经济论坛在 2019 年 10 月 9 日发布《2019 年全球竞争力报告》,阿尔巴尼亚在全球最具竞争力的 141 个国家和地区中排名第 81 位。

【重点/特色产业】阿尔巴尼亚是一个传统的农业国,农业在国民经济中占有十分重要的地位。阿尔巴尼亚服务业发展较快,以旅游业为代表的第三产业已成为拉动经济增长的重要动力。

【商务成本】劳动力资源丰富,劳动力素质较高且成本较低,但失业率高。2018 年,阿尔巴尼亚人均月工资 502 美元。

(三)中资企业投资合作情况

双方在交通基础设施、能源、矿业、旅游、农业等领域合作。

如表 6-13 所示。

表 6-13 在阿尔巴尼亚中国公司经贸重点合作项目

公司名称	主要大型工程项目
中国洲际油气股份有限公司	收购班克斯石油公司
中国光大控股有限公司	收购地拉那国际机场
洲际油气股份有限公司	石油开发
中国光大控股有限公司	机场运营
江西铜业集团公司	铜矿合作
海隆石油技术服务有限公司	石油服务
华为技术有限公司	电信合作
中国广播电视国际经济技术合作总公司	广播电视合作

数据来源:中国驻阿尔巴尼亚大使馆经商参处。

阿尔巴尼亚与浙江的经贸往来密切,浙江省通过中东欧国家投资合作洽谈会促进两国货物贸易往来,特别是农产品贸易。

第十四节 塞尔维亚

(一)基本介绍

【国名】塞尔维亚共和国(The Republic of Serbia),简称塞尔维亚。

【面积】约 8.84 平方千米。

【人口】约 696 万(截至 2019 年,不含科索沃地区)。

【首都】贝尔格莱德。

【时差】比北京时间晚 7 小时。

【气候】塞尔维亚北部属温带大陆性气候,南部受地中海气候影响。四季分明,夏季炎热,7—8 月气温最高 35℃,平均气温为 25—28℃;春秋气候宜人,平均气温 15℃;冬季 1—2 月气温最低-10℃左右,平均气温约 0—5℃。雨量充沛。

【官方语言】官方语言为塞尔维亚语,英语较普及。

【货币】塞尔维亚第纳尔(1RSD＝0.065CNY,2019 年 10月平均汇率)。

【经济】经济总体呈恢复性增长,与中东欧自由贸易区成员国、俄白哈关税同盟及土耳其等签订了自由贸易协议,并享受美国给予的最惠国待遇,塞尔维亚有关商品出口上述地区和国家享受免关税和免配额优惠待遇。

【资源】塞尔维亚主要矿产资源有褐煤、石油和天然气。塞尔维亚耕地面积占国土面积的 55%,森林面积占 29.1%。水力资源丰富。

【双边贸易】据中国海关统计,2019 年 1—12 月,中塞贸易进出口额 96.32 亿元人民币,同比增长 53.4%。其中,中方对塞出口 71.39 亿元人民币,同比增长 48.6%;自塞进口 24.92亿元人民币,同比增长 69.2%;中方贸易顺差 46.47 亿元人民币。

【对塞投资】据中国商务部统计,2018 年当年中国对塞尔维亚直接投资流量 1.5 亿美元。截至 2018 年末,中国对塞尔维亚直接投资存量 2.7 亿美元。

【合作领域】在产能、基建、军工、科技、文化、媒体、地方交往等多领域开展合作。

(二)投资环境

【中塞关系】2009 年,中塞宣布建立战略伙伴关系。2016年,两国关系升级为全面战略伙伴关系。塞尔维亚是中国在中东欧地区首个建立全面战略伙伴关系的国家。目标是将塞打造成中国在西巴尔干地区交通基础设施建设、物流和金融合作中心。

【营商环境】在世界银行 2019 年 10 月 24 日发布的《2020 年营商环境报告》中,塞尔维亚在 190 个经济体中排名第 44 位。

【全球竞争力】世界经济论坛在 2019 年 10 月 9 日发布《2019 年全球竞争力报告》,塞尔维亚在全球最具竞争力的 141 个国家和地区中排名第 72 位。

【重点/特色产业】农业是塞尔维亚传统优势产业之一。塞尔维亚土地肥沃,雨水充足,农业生产条件良好。汽车工业曾是塞尔维亚经济的辉煌产业之一。信息通信技术产业(ICT)是塞尔维亚具有比较优势的产业之一。信息通信技术产业也是塞尔维亚政府大力推动发展的核心产业之一,计划将其打造为塞尔维亚经济的支柱产业。

【商务成本】塞尔维亚水供应充足,水、电、气价格在欧洲国家中相对较低。劳动力素质高,劳动力成本低于西欧和周边多数国家。2018 年,塞尔维亚人均月工资 706 美元。

(三)中资企业投资合作情况

在产能、基建、军工、科技、文化、媒体、地方交往等多领域合作。如表 6-14 所示。

表 6-14 在塞尔维亚中国公司经贸重点合作项目

公司名称	主要大型工程项目
中国路桥工程有限责任公司	承建匈塞铁路项目塞尔维亚境内第一段
上海电气集团股份有限公司	承建塞尔维亚潘切沃 140MW 燃气电站项目
中国土木工程集团有限公司	承建塞尔维亚铁路汇合点—拉科维查—莱斯尼克段铁路大修项目

数据来源:中国驻塞尔维亚大使馆经商参处。

塞尔维亚与浙江的经贸往来密切,例如浙江温州在塞尔维亚贝尔麦克设立商贸物流园区,也是跨境物流园区,入驻了很多浙江企业,助力两国贸易往来。另外,浙江省通过中东欧国家投资合作洽谈会促进两国贸易往来,特别是农产品贸易。

第十五节　北马其顿

(一)基本介绍

【国名】北马其顿共和国(The Republic of North Macedonia),简称北马其顿。

【面积】约 25713 平方千米,多为山地。

【人口】约 208 万(截至 2018 年)。

【首都】斯科普里。

【时差】比北京时间晚 7 小时。

【气候】北马其顿的气候以温带大陆性气候为主,大部分农业地区夏季最高气温达 40℃,冬季最低气温达 −30℃。受山地气候影响,昼夜温差较大。南部受地中海式气候影响,夏季平均气温 27℃,全年平均气温为 10℃。

【官方语言】官方语言为马其顿语。

【货币】北马其顿代纳尔(1MKD＝0.1242CNY,2019 年 10月平均汇率)。

【经济】北马其顿经济多元化,在金融危机、欧洲债务危机、国内政治危机等轮番冲击下,其经济受到影响,但总体表现仍稳定上升。

【资源】北马其顿矿产资源品种比较丰富,有煤、铁、铅、锌、铜、镍等,其中煤的储藏量为 9.41 亿吨,铜矿的储藏量为 3 亿吨。还有非金属矿产碳、斑脱土、耐火黏土、石膏、石英、蛋白石、长石以及建筑装饰石材等。森林覆盖率为 38.4％。

【双边贸易】据中国海关统计,2019 年 1—12 月,中马进出口额 19.48 亿元人民币,同比增长 91.2%。其中,中方对马出口 9.21 亿元人民币,同比增长 32%;自马进口 10.27 亿元人民币,同比增长 219.9%;中方贸易逆差 1.06 亿元人民币。中国对北马其顿出口商品主要有手机、通信设备、便携式电脑等;从北马其顿进口商品主要有钢铁及其制品、服饰等。

【对马投资】据中国商务部统计,2018 年当年中国对北马其顿直接投资流量 183 万美元。截至 2018 年末,中国对北马其顿直接投资存量 3630 万美元。

【合作领域】在纺织及皮革制品、水果、蔬菜种植和加工、葡萄酒、烟草、旅游、化学和医药、基础设施、电信等领域合作。

(二)投资环境

【中马关系】1993 年 10 月 12 日,同中国正式建立大使级外交关系。两国在政治、经贸、文化、医药、旅游等领域关系日益密切,随着"16+1"合作不断引向深入。

【营商环境】在世界银行 2019 年 10 月 24 日发布的《2020 年营商环境报告》中,北马其顿在 190 个经济体中排名第 17 位。

【全球竞争力】世界经济论坛在 2019 年 10 月 9 日发布《2019 年全球竞争力报告》,北马其顿在全球最具竞争力的 141 个国家和地区中排名第 82 位。

【重点/特色产业】金属制造、汽车和电器设备制造业,占其国内生产总值的 10%;纺织和皮革业产值占 GDP 的 20%;农业综合产业(包括农业加工)是北马其顿经济重要组成部分,占其国内生产总值的约 10%;食品和饮料加工业发达;气候条件适宜烟草的种植和加工。

【商务成本】劳动力资源丰富。北马其顿劳动力价格相对较低,劳动力素质较高。2018 年,北马其顿人均月工资 627 美元。

(三)中资企业投资合作情况

在纺织及皮革制品、水果、蔬菜种植和加工、葡萄酒、烟草、旅游、化学和医药、基础设施、电信等领域合作。如表 6-15 所示。

表 6-15　在北马其顿中国公司经贸重点合作项目

公司名称	主要大型工程项目
中国水利电力对外公司	承建了北马其顿科佳水电站项目
华为公司北马其顿办事处	北马其顿电信 DWDM 国家骨干传输网项目
宇通公司	双层巴士项目
中国水电建设集团国际工程公司	奥赫里德高速公路
中国株洲电力机车有限公司	北马其顿 6 列动车组项目

数据来源:中国驻北马其顿大使馆经商参处。

北马其顿与浙江的经贸往来密切,浙江省通过中东欧国家投资合作洽谈会促进两国贸易往来,特别是农产品贸易往来密切。除此之外,宁波诺丁汉大学与北马其顿科林姆奥赫里斯基大学共建中国(宁波)中东欧青年创新创业孵化中心,联合其他中东欧院校,每年暑期组织学生来宁波诺丁汉大学进行商业培训,共同举办中国(宁波)中东欧青年创业创新大赛;丝绸之路商学院联盟与高等院校新商科建设与国际化联盟共同合作,联合成立新商科商学教育研究中心,推动浙江省高等院校与国际院校全方位多层次的合作与交流。

第十六节 波黑

（一）基本介绍

【国名】波斯尼亚和黑塞哥维那（Bosnia and Herzegovina），简称波黑。

【面积】约5.12万平方千米。

【人口】约351.7万（截至2017年）。

【首都】萨拉热窝。

【时差】比北京时间晚6小时。

【气候】波黑南部属地中海气候，中部属大陆及山区性气候，北部属温带大陆性气候。波黑气候春秋季宜人，夏季多雨，冬季多雪多雾。

【官方语言】波黑官方语言为波斯尼亚语、塞尔维亚语和克罗地亚语，使用拉丁字母和契里尔字母，三种语言互通。

【货币】波黑马克（1BAM＝3.85CNY，2019年10月平均汇率）。

【经济】波黑地处中东欧腹地，地理位置优越，劳动力价格低廉，适宜承接纺织、服装、制鞋等劳动密集型产业，产品在满足本国市场需求的同时，可辐射中东欧及欧盟市场。波黑经济对周边地区以及欧洲国家的依存度较高。受战争和欧债危机的影响，近年来波黑经济停滞不前，贫困人口增加，失业率高居欧洲之首，是欧洲市场购买力最低的国家之一。

【资源】波黑的主要资源有矿产、水资源及森林。可开采利用的矿产资源主要有褐煤、铝矾土、铁矿。此外还有铅锌、石棉、岩盐、重晶石等矿藏。波黑拥有丰富的水资源，水力发电潜能400万千瓦以上，矿泉水资源丰富，可利用开发生产瓶装饮用水。波黑森林覆盖率占其国土面积的53%，是东南欧国家中森林覆盖率最高的。

【双边贸易】据中国海关统计,2019 年 1—12 月,中波贸易进出口额 13.23 亿元人民币,同比增长 7.6%。其中,中方对波出口 7.91 亿元人民币,同比增长 10.1%;自波进口 5.32 亿元人民币,同比增长 4%;中方贸易顺差 2.59 亿元人民币。

【对波投资】据中国商务部统计,2018 年当年中国对波黑直接投资流量为 0。截至 2018 年末,中国对波黑直接投资存量 434 万美元。中波相互投资很少。目前主要为小型华商企业在波黑开办贸易公司,经营中国和其他国家的商品批发和零售业务。

【合作领域】在食品、卫生、制造等众多行业有合作。

(二)投资环境

【中波关系】波黑于 1995 年 4 月 3 日和中国建立大使级外交关系。

【营商环境】在世界银行 2019 年 10 月 24 日发布的《2020 年营商环境报告》中,波黑在 190 个经济体中排名第 90 位。

【全球竞争力】世界经济论坛在 2019 年 10 月 9 日发布《2019 年全球竞争力报告》,波黑在全球最具竞争力的 141 个国家和地区中排名第 92 位。

【重点/特色产业】波黑将旅游列为经济发展重要产业之一;从 19 世纪后半叶起,林业和木材加工业成为波黑经济的主要产业之一;金属加工业是波黑经济的重要产业之一。

【商务成本】波黑劳动力资源较充裕,劳动力素质较高。2018 年,波黑人均月工资 744 美元。

(三)中资企业投资合作情况

双方在制造、通信、工程承包、金融服务等领域合作。如表 6-16 所示。

表 6-16 在波黑中国公司经贸重点合作项目

公司名称	主要大型工程项目
中国山东对外经济技术合作集团有限公司	承建波黑塞族共和国铁路升级改造项目
中国技术进出口集团有限公司	承建波黑库普雷斯风电项目一期
中国电力工程顾问集团西南电力设计院有限公司	承建波黑巴诺维奇燃煤电厂工程勘测设计项目
华为技术有限公司	通信设备、安装和调试业务
中国国家开发银行四川分行	商业贷款项目
中国四川东方电气集团	斯塔纳里 30 万千瓦燃煤电站项目的承包合同
葛洲坝集团	波黑图兹拉火电站 7 号机组 45 万千瓦燃煤电站项目

数据来源：中国驻波黑大使馆经商参处。

波黑与浙江的经贸往来密切，浙江省通过中东欧国家投资合作洽谈会促进两国贸易往来，特别是农产品贸易往来密切。

第十七节 黑山

（一）基本介绍

【国名】黑山(Montenegro)。

【面积】约 1.38 万平方千米。

【人口】约 62.2 万(截至 2019 年)。

【首都】波德戈里察。

【时差】比北京时间晚 7 小时。

【气候】气候依地形自南向北分为地中海式气候、温带大陆性气候和山地气候。

【官方语言】官方语言为黑山语，会讲英语和塞尔维亚语的人也非常多。

【货币】欧元(1EUR＝7.6439CNY,2019年10月平均汇率)。

【经济】黑山是前南斯拉夫较为落后的共和国,经济基础薄弱。旅游业和制铝工业是黑山的经济支柱。前南斯拉夫解体后,黑山因受战乱、国际制裁影响,经济一路下滑。近年来随着外部环境改善及各项经济改革推进,黑山经济逐步恢复,总体呈增长态势。黑山经济存在的主要问题是:基础设施落后,能源匮乏,经济规模小,商品缺乏竞争力,外贸逆差严重。

【资源】黑山森林和水利资源丰富,森林覆盖面积54万公顷,约占黑山总面积39.43%。铝、煤等资源储藏丰富,约有3600万吨铝土矿石和3.5亿吨褐煤。

【双边贸易】据中国海关统计,2019年1—12月,中黑贸易进出口额10.82亿元人民币,同比减少24.7%。其中,中方对黑出口7.83亿元人民币,同比减少32.8%;自黑进口2.99亿元人民币,同比增长9.7%;中方贸易顺差4.84亿元人民币。

【对黑投资】据中国商务部统计,2018年当年中国对黑山直接投资流量1272万美元。截至2018年末,中国对黑山直接投资存量6286万美元。中国在基础设施、旅游、中草药和中医馆等方面对黑山投资。

【合作领域】双方在经贸、文化、旅游、教育、卫生和中草药种植与加工的合作等各领域进行交流与合作。

(二)投资环境

【中黑关系】中国和黑山两国人民之间有着传统友谊。2006年7月6日,黑山与中国建立外交关系。黑山是联合国、世界贸易组织、地中海联盟成员。

【营商环境】在世界银行2019年10月24日发布的《2020年营商环境报告》中,黑山在190个经济体中排名第50位。

【全球竞争力】世界经济论坛在 2019 年 10 月 9 日发布《2019 年全球竞争力报告》,黑山在全球最具竞争力的 141 个国家和地区中排名第 73 位。

【重点/特色产业】主要工业部门有采矿、建筑、冶金、食品加工、电力和木材加工等;全国农业用地面积为 51.6 万公顷,约占国土总面积的 37.4%。农业用地中绝大部分为牧场和人工草场,可耕地面积为 18.91 万公顷;服务业较为发达,其中旅游业为黑山最重要的产业之一。服务业主要包括批发零售、住宿餐饮、房地产、电信、金融等;旅游业是黑山国民经济的重要组成部分和主要外汇收入来源。

【商务成本】基础设施落后。2018 年,黑山人均月工资 837 美元。

(三)中资企业投资合作情况

在经贸、文化、旅游、教育、卫生和中草药种植与加工等领域合作。如表 6-17 所示。

表 6-17　在黑山中国公司经贸重点合作项目

公司名称	主要大型工程项目
中国路桥集团	黑山建设的南北高速项目
北京同仁堂	波德戈里察建立的"中国黑山中医院"
中土集团	黑山"科拉欣—科斯"段铁路修复改造项目

数据来源:中国驻黑山大使馆经商参处。

黑山与浙江的经贸往来密切,双方通过中东欧国家投资合作洽谈会促进两国贸易往来,特别是农产品贸易。此外,浙江宁波万里学院将借助"一带一路"语言学院、国际学院等平台进一步拓展与黑山的合作与交流。

第七章　独联体6国

第一节　乌克兰

（一）基本介绍

【国名】乌克兰(Ukraine)。

【面积】约60.37万平方千米。

【人口】约4180.6万(截至2020年5月,不含克里米亚地区)。

【首都】基辅。

【时差】比北京时间晚6小时。

【气候】乌克兰全国大部地区为温带大陆性气候。1月平均气温-7.4℃,7月平均气温19.6℃。克里米亚为地中海型亚热带气候。

【官方语言】乌克兰的官方语言为乌克兰语。

【货币】乌克兰格里夫纳(1UAH＝0.2626CNY,2019年10月平均汇率)。

【经济】乌克兰拥有东欧最大的市场,消费潜力大;劳动力素质较高,其中IT专业人才总数排名世界第5;地理位置优越,市场辐射独联体、欧盟、北非;交通便利,拥有4条通往欧洲的交通走廊及黑海周边优良海港;土地资源丰富,拥有世界1/4的黑土地,农业较发达;工业基础雄厚,拥有世界先进的装备制造业水平;自然资源丰富,铁矿、煤炭等储量居世界前列。然而制约乌克兰经济增长的主要因素为:经济结构单一,主导产业产品附加值低,竞争力弱。

【资源】乌克兰矿产资源丰富,已探明有 80 多种可供开采的富矿,主要有煤、铁、锰、镍、钛、铀、汞、石墨、耐火土、石材等,但石油和天然气相对匮乏,乌克兰国内天然气消费的 50% 和石油消费的 90% 依赖进口;乌克兰农业资源丰富,黑土面积占世界黑土总量的 27%。农用地面积 4273 万公顷,占国土面积 70.8%,林地面积 1063 万公顷,占国土面积 17.6%;乌克兰水利资源充足,境内有大小河流 2.3 万条,湖泊 2 万多个;乌克兰植物资源丰富,森林覆盖率达 14%;动物资源也极其丰富,大约有 44800 种动物。

【双边贸易】据中国海关统计,2019 年 1—12 月,中乌贸易进出口额 821.74 亿元人民币,同比增长 28.7%。其中,中方对乌出口 510.32 亿元人民币,同比增长 10%;自乌进口 311.41 亿元人民币,同比增长 78.7%;中方贸易顺差 198.91 亿元人民币。中国对乌克兰出口商品主要包括:电机、电气、音像设备及其零附件;核反应堆、锅炉、机械器具及零件;塑料及其制品;钢铁;有机化学品;杂项化学产品;车辆及其零附件(铁道车辆除外);玩具、游戏或运动用品及其零件;钢铁制品;光学、照相、医疗等设备及零部件。中国从乌克兰进口商品主要类别包括:矿砂、矿渣及矿灰;动植物油脂及其分解产品;谷物;核反应堆、锅炉、机器机械;电机、电气、音像设备及其零件;木及木制品;木炭;制粉工业产品;麦芽;淀粉等;面筋;光学、照相、医疗等设备及零部件;乳、蛋、蜂蜜、其他食用动物产品;其他贱金属、金属陶器及其制品。

【对乌投资】据中国商务部统计,2018 年当年中国对乌克兰直接投资流量 2745 万美元。截至 2018 年末,中国对乌克兰直接投资存量 9048 万美元。

【合作领域】在信息技术、能源、农业、化纤、基础设施等领域开展合作。

（二）投资环境

【中乌关系】1992 年 1 月 4 日,中乌两国建立外交关系。2011 年,两国关系升级为战略协作伙伴关系。

【营商环境】在世界银行 2019 年 10 月 24 日发布的《2020 年营商环境报告》中,乌克兰在 190 个经济体中排名第 64 位。

【全球竞争力】世界经济论坛在 2019 年 10 月 9 日发布《2019 年全球竞争力报告》,乌克兰在全球最具竞争力的 141 个国家和地区中排名第 85 位。

【重点/特色产业】乌克兰地区工农业均较发达。有"欧洲粮仓"之称;军工科技实力约占苏联的 1/4;主要工业部门有航空、航天、军工、冶金、机械制造、造船、化工等;乌克兰是世界第五大 IT 服务出口国,也是中东欧最大的软件开发编程和 IT 外包服务市场。

【商务成本】基础设施完善,劳动力资源丰富且素质高。2018 年,乌克兰人均月工资 150.5 美元。

（三）中资企业投资合作情况

在乌实际经营的中资企业有近 40 家,主要集中在通信、电子产品、农业、加工业、机械行业、制造业等领域开展合作。如表 7-1 所示。

表 7-1　在乌克兰中国公司经贸重点合作项目

公司名称	主要大型工程项目
中国电力工程顾问集团华北电力设计院有限公司	承建乌克兰 ESF500 MW 光伏项目

续　表

公司名称	主要大型工程项目
华为技术有限公司	承建乌克兰电信
新疆贝肯能源工程股份有限公司	承建乌克兰钻井工程服务项目

数据来源:中国驻乌克兰大使馆经商参处。

乌克兰与浙江的经贸往来密切,货物往来广泛。此外,两地在科技方面也有不少合作,如乌克兰分别与浙江工业大学义乌科学技术研究院有限公司建立浙江省光电信息技术国际合作联合实验室,与浙江大学建立浙江省高端装备激光制造技术国际合作联合实验室,与浙江金蛋科技有限公司建立浙江—乌克兰国际技术转移中心,另外还有乌克兰科学院巴顿焊接研究所浙江研究中心等。

第二节　白俄罗斯

(一)基本介绍

【国名】白俄罗斯共和国(Republic of Belarus),简称白俄罗斯。

【面积】约 20.76 万平方千米。

【人口】约 949.18 万(截至 2018 年)。

【首都】明斯克。

【时差】比北京时间晚 5 小时。

【气候】白俄罗斯属温带大陆性气候,境内温和湿润,夏季温暖,秋季多雨,冬季多雪。

【官方语言】白俄罗斯语和俄语同是白俄罗斯官方语言。

【货币】白俄罗斯卢布(1BYN=0.1109CNY,2019 年 10 月平均汇率)。

【经济】白俄罗斯工农业基础较好。工业部门较为齐全,机械制造和加工业发达,有苏联"装配车间"之称,具有较高的科研和教育水平,劳动力素质相对较高。拥有玛斯载重汽车、别拉斯矿山自卸车、轮式牵引车、拖拉机等世界著名的机械制造类企业,以及钾肥生产和石化等大型企业。白俄罗斯还是世界第四大钾肥生产国,钾肥出口量约占世界的20%左右。在电子、光学、激光技术等领域也具有世界领先水平。农业普遍实行大规模机械化生产,农产品特别是肉类及肉制品、牛奶及奶制品、禽、蛋、糖等除自给自足外,还可大量出口。

【资源】白俄罗斯矿产资源主要特点是:非金属矿丰富,黑色金属和有色金属矿稀少,石油和天然气能源矿藏少,最重要的矿藏钾盐储量居世界第3位;白俄罗斯盐岩储量超过220亿吨,居独联体国家首位;饮用矿泉水和医疗矿泉资源丰富;白俄罗斯拥有近800万公顷的森林,覆盖率为42%,森林覆盖率在独联体中仅次于俄罗斯,居第2位;白俄罗斯的药材和动物种类丰富。

【双边贸易】据中国海关统计,2019年1—12月,中白贸易进出口额186.99亿元人民币,同比增长65.5%。其中,中方对白出口124.13亿元人民币,同比增长64.7%;自白进口62.86亿元人民币,同比增长67.1%;中方贸易顺差61.27亿元人民币。白俄罗斯向中国主要出口钾肥、聚酰胺、含氮杂环化合物等,自中国主要进口数据处理用计算机、通信设备及其配件、制鞋材料等。

【对白投资】据中国商务部统计,2018年当年中国对白俄罗斯直接投资流量6773万美元。截至2018年末,中国对白俄罗斯直接投资存量5亿美元。

【合作领域】集中在工业园区、重型车辆、五星级酒店、汽车组装、家电组装、住宅小区投资建设、农业等领域。

（二）投资环境

【中白关系】白俄罗斯 1992 年 1 月 20 日与中国正式建交。2013 年 7 月升级为全面战略伙伴关系。

【营商环境】在世界银行 2019 年 10 月 24 日发布的《2020 年营商环境报告》中，白俄罗斯在 190 个经济体中排名第 49 位。

【全球竞争力】白俄罗斯未进入世界经济论坛在 2019 年 10 月 9 日发布的《2019 年全球竞争力报告》排名中。

【重点/特色产业】白俄罗斯具有优势的产业主要包括：机械制造业、化学和石化工业、电子工业、无线电技术等。在光学、激光技术等领域也具有世界领先水平。农业普遍实行大规模机械化生产，农产品特别是肉类及肉制品、牛奶及奶制品、禽、蛋、糖等除自给自足外，还可大量出口。其中，白俄罗斯的机械制造业、化学和石化工业是其工业的支柱产业；白俄罗斯在电子特别是微电子领域有着强大的研发能力和世界先进水平的集成电路制造设备生产设计基础。

【商务成本】白俄罗斯基础设施完善，劳动力资源丰富且受教育程度高。2018 年，白俄罗斯人均月工资 449 美元。

（三）中资企业投资合作情况

双方在工业园区、重型车辆、五星级酒店、汽车组装、家电组装、住宅小区投资建设、农业等领域开展合作。如表 7-2 所示。

表 7-2　在白俄罗斯中国公司经贸重点合作项目

公司名称	主要大型工程项目
华为技术有限公司	承建白俄罗斯电信
中国电力工程顾问集团华北电力设计院有限公司	承建白俄罗斯明斯克北 330 千伏变电站改造和 110 千伏进线项目

公司名称	主要大型工程项目
北京住总集团有限责任公司	承建尤尼松汽车厂
中工国际股份有限公司	中白工业园

数据来源:中国驻白俄罗斯大使馆经商参处。

　　白俄罗斯与浙江的经贸往来密切,主要通过中欧班列进行货物运输往来。此外,双方还有医学、工业等方面的合作。如自白俄罗斯明斯克州医院成立中医中心后,浙江中医药大学附属第三医院(浙江省中山医院)会接收来自白俄罗斯的医生进行临床进修。另外,浙江吉利汽车帮助白俄罗斯实现轿车国产化,组建了白俄罗斯吉利汽车股份有限公司。

第三节　格鲁吉亚

(一)基本介绍

【国名】格鲁吉亚(Georgia),被誉为"上帝的后花园"。

【面积】约 6.97 万平方千米。

【人口】约 372.96 万(2018 年)。

【首都】第比利斯。

【时差】比北京时间晚 4 小时。

【气候】格鲁吉亚四季分明,气候宜人。格鲁吉亚大部分地区呈高山地带特征。西部属亚热带海洋性气候,温暖、湿润、多雨。

【官方语言】官方语言为格鲁吉亚语。

【货币】格鲁吉亚拉里(1GEL＝2.3961CNY,2019 年 10 月平均汇率)。

【经济】格鲁吉亚经济体量不大,国土面积小,人口少,居民市场购买力不高。格鲁吉亚地理位置较为优越,部分优势资源丰富,且与欧盟、土耳其及独联体等签署了自由贸易协定,经济发展潜力较大。

【资源】有世界闻名的"齐阿土拉"锰矿区,森林面积占国土面积的 40％,水力资源丰富。

【双边贸易】据中国海关统计,2019 年 1—12 月,中格贸易进出口额 102.27 亿元人民币,同比增长 35％。其中,中方对格出口 96.71 亿元人民币,同比增长 34％;自格进口 5.55 亿元人民币,同比增长 56.6％;中方贸易顺差 91.16 亿元人民币。中国对格鲁吉亚出口商品主要类别包括:锅炉、机械器具及零件、电机、电气、音像设备及其零附件、钢铁、钢铁制品、家具;寝具等;灯具;活动房、塑料及其制品、陶瓷产品、鞋靴、护腿和类似品及其零件、木及木制品;木炭、玩具、游戏或运动用品及其零附件。中国从格鲁吉亚进口商品主要类别包括:矿砂、矿渣及矿灰、饮料、酒及醋、铜及其制品、非针织或非钩编的服装及衣着附件、电机、电气、音像设备及其零附件、针织或钩编的服装及衣着附件、无机化学品;贵金属等的化合物、钢铁制品、核反应堆、锅炉、机械器具及零件、光学、照相、医疗等设备及零附件。

【对格投资】据中国商务部统计,2018 年当年中国对格鲁吉亚直接投资流量 8023 万美元。截至 2018 年末,中国对格鲁吉亚直接投资存量 6.3 亿美元。

【合作领域】涉及能源与资源开发、农业、基础设施、通信、旅游、餐饮和金融等领域。

(二)投资环境

【中格关系】格鲁吉亚 1992 年 6 月 9 日与中国正式建交。2018 年 1 月 1 日,中格自贸协定正式生效实施。格鲁吉亚是第一个与欧盟和中国同时签署自贸协定的国家,对两国投资和贸易合作发挥重要的作用。

【营商环境】在世界银行 2019 年 10 月 24 日发布的《2020 年营商环境报告》,格鲁吉亚在 190 个经济体中排名第 7 位。

【全球竞争力】世界经济论坛在 2019 年 10 月 9 日发布《2019 年全球竞争力报告》中,格鲁吉亚在全球最具竞争力的 141 个国家和地区中排名第 74 位。

【重点/特色产业】格鲁吉亚农业产值约占 GDP 比重为 8.2%,主要农产品包括:葡萄酒、核桃和水果等;格鲁吉亚的制造业和工业分别占 9.3% 和 16.4%。交通通信业已成为格鲁吉亚经济支柱产业,2017 年产值占 GDP 的 10.2%。格鲁吉亚旅游资源丰富,良好的自然环境吸引着大批欧洲和周边国家的游客。格鲁吉亚对金融保险业政策宽松,近年大量资本投向当地银行,发展迅猛。

【商务成本】格鲁吉亚正在积极完善基础设施,水利资源充分,电力资源不足。劳动力资源充足,但受教育程度不高。2018 年,格鲁吉亚人均月工资 523 美元。

(三)中资企业投资合作情况

双方在农业、贸易、能源和资源开发、制造业、旅游、交通运输、基础设施建设等方面进行合作。如表 7-3 所示。

表 7-3 在格鲁吉亚中国公司经贸重点合作项目

公司名称	主要大型工程项目
中铁二十三局集团有限公司	承建铁路现代化总承包项目
中国水电建设集团国际工程有限公司	承建格鲁吉亚 E60 公路泽莫欧斯亚乌里至楚马特勒提段建设项目第一标段
华为技术有限公司	承建格鲁吉亚电信

数据来源:中国驻格鲁吉亚大使馆经商参处。

格鲁吉亚与浙江的经贸往来密切,货物通过中欧班列往来频繁。此外,双方文化交流也日趋频繁,如浙江嵊州的越剧小镇,将国家级非物质文化遗产越剧等文化传播到格鲁吉亚,同时引入了来自格鲁吉亚的"巴格拉特"舞蹈团的卓越表演。

第四节　阿塞拜疆

(一)基本介绍

【国名】阿塞拜疆共和国(Republic of Azerbaijan),简称阿塞拜疆。

【面积】约 8.66 万平方千米。

【人口】约 989.8 万(截至 2018 年)。

【首都】巴库。

【时差】比北京时间晚 4 小时。

【气候】阿塞拜疆气候呈多样化特征,中部和东部为干燥型气候,东南部降雨较为充沛。

【官方语言】官方语言为阿塞拜疆语。居民多通晓俄语。

【货币】马纳特(1AZN＝4.0884CNY,2019 年 10 月平均汇率)。

【经济】阿塞拜疆具有丰富的油气资源、快速增长的经济和较大的市场需求,以及连接欧亚的地理位置和较好的交通基础设施。受全球经济持续低迷、国际油价低位徘徊以及独联体国家经济衰退等因素影响,阿塞拜疆经济运行面临严峻挑战。吸引外资将成为其经济增长的重要抓手。

【资源】阿塞拜疆石油天然气资源极为丰富;阿塞拜疆境内还有铁、钼、铜、黄金等金属矿藏,以及丰富的非金属矿产和矿泉水资源;阿塞拜疆还拥有丰富的渔业资源和较丰富的野生动物资源。里海鲟鱼的黑鱼子闻名世界,是阿塞拜疆除石油之外最著名的传统出口产品。阿塞拜疆共有约 4000 种动植物,其中很多可入药。

【双边贸易】据中国海关统计,2019 年 1—12 月,中阿贸易进出口额 101.47 亿元人民币,同比增长 68.3%。其中,中方对阿出口 42.57 亿元人民币,同比增长 25.1%;自阿进口 58.90 亿元人民币,同比增加 124.3%;中方贸易逆差 16.33 亿元人民币。

【对阿投资】据中国商务部统计,2018 年当年中国对阿塞拜疆直接投资流量-105 万美元。截至 2018 年末,中国对阿塞拜疆直接投资存量 918 万美元。

【合作领域】在油气、基础设施建设、产能与装备制造、交通、物流、可再生能源、冶金、信息通信、农业、工业园区建设、高新技术产业、旅游业等领域合作。

(二)投资环境

【中阿关系】阿塞拜疆 1992 年 4 月 2 日与中国正式建交。2015 年,阿方积极响应和支持中方关于共建丝绸之路经济带的倡议。

【营商环境】在世界银行 2019 年 10 月 24 日发布的《2020 年营商环境报告》中,阿塞拜疆在 190 个经济体中排名第 34 位。

【全球竞争力】世界经济论坛在 2019 年 10 月 9 日发布《2019 年全球竞争力报告》,阿塞拜疆在全球最具竞争力的 141 个国家和地区中排名第 58 位。

【重点/特色产业】阿塞拜疆是现代石油开采工业的发祥地,石油开采已有 150 年以上的历史,是阿最重要的产业部门;阿塞拜疆地处欧亚交界处并拥有里海最大港口,拥有较便捷的公路、铁路、能源管道和外高加索地区最大的民用机场,为其提供了发展跨国运输业的良好条件。

【商务成本】阿塞拜疆正在不断完善基础设施,劳动力成本不高。2018年,阿塞拜疆人均月工资309美元。

(三)中资企业投资合作情况

中资企业对阿投资主要集中在石油领域,以及贸易和服务业。如表7-4所示。

表7-4 在阿塞拜疆中国公司经贸重点合作项目

公司名称	主要大型工程项目
中石油海外公司	阿塞拜疆陆上油田"SALIYAN"
华为技术有限公司	承建阿塞拜疆电信
中国寰球工程有限公司	承建阿塞拜疆天然气化工项目
北方亨泰石油开发公司	开采陆地油田"PIRSAAT"
中国南方航空股份有限公司	航空服务
浙江集海物流	物流服务

数据来源:中国驻阿塞拜疆大使馆经商参处。

阿塞拜疆与浙江的经贸往来密切,例如浙江康宁进出口有限公司在阿塞拜疆铺设自主品牌营销渠道供应电动工具,直接服务当地客户。货物贸易往来通过中欧班列有序推进。

第五节 亚美尼亚

(一)基本介绍

【国名】亚美尼亚共和国(Republic of Armenia),简称亚美尼亚。

【面积】约2.97万平方千米,多高山。

【人口】约297.29万(截至2018年)。

【首都】埃里温。

【时差】比北京时间晚4小时。

【气候】亚美尼亚属亚热带高山气候。其气候随地势高低而异,由干燥的亚热带气候逐渐演变成寒带气候。

【官方语言】官方语言为亚美尼亚语,居民多通晓俄语。

【货币】亚美尼亚德拉姆(1AMD=0.0145CNY,2019年10月平均汇率)。

【经济】1991年9月独立后,经济发展受到经济基础薄弱及纳卡战争等因素影响连年下滑。2010年和2011年亚政府积极采取调整产业结构、扩大内需、加快基础设施建设、大力扶植农业等措施,努力消除金融危机后果,收到一定成效。

【资源】亚美尼亚能源资源贫乏,石油和天然气均依赖进口。金属和非金属矿藏丰富。

【双边贸易】据中国海关统计,2019年1—12月,中亚贸易进出口额52.23亿元人民币,同比增长52.8%。其中,中方对亚出口15.36亿元人民币,同比增长9.3%;自亚进口36.86亿元人民币,同比增长83.1%;中方贸易逆差21.50亿元人民币。中国对亚美尼亚出口商品主要有:电机、电气、音像设备、锅炉、机械器具、光学、照相、医疗等设备;自亚美尼亚进口商品主要有:铜及铜精矿、针织服装、宝石和半宝石等。

【对亚投资】据中国商务部统计,2018年当年中国对亚美尼亚直接投资流量1964万美元。

【合作领域】在经贸、金融、司法、执法、海关、教育、旅游等领域开展合作。

(二)投资环境

【中亚关系】亚美尼亚1992年4月6日与中国正式建交。两国早在古丝绸之路时就建立了良好的双边关系。目前,亚美尼亚也是"一带一路"倡议的响应国家。

【营商环境】在世界银行2019年10月24日发布的《2020

年营商环境报告》中,亚美尼亚在 190 个经济体中排名第
47 位。

【全球竞争力】世界经济论坛在 2019 年 10 月 9 日发布
《2019 年全球竞争力报告》,亚美尼亚在全球最具竞争力的 141
个国家和地区中排名第 69 位。

【重点/特色产业】旅游业是亚美尼亚政府优先发展的产
业;长期以来,建筑业一直是亚美尼亚的支柱产业,占 GDP 的
比重平均在 20% 左右;服务业中餐饮、文化休闲、不动产、航空
运输、旅游及银行业务等行业增长较快。

【商务成本】亚美尼亚积极完善基础设施。其失业人数居
高不下,人才外流明显。2018 年,亚美尼亚人均月工资 404
美元。

(三)中资企业投资合作情况

双方主要集中在公路、通信、发电站等领域开展合作。如
表 7-5 所示。

表 7-5 在亚美尼亚中国公司经贸重点合作项目

公司名称	主要大型工程项目
南通三建	援亚美尼亚中文学校项目
中国电建国际	承建的北—南公路第三标段项目
西电国际和辽宁易发式公司	4 个电站改造项目
华为技术有限公司	通信设备销售和服务
中信建设有限责任公司	承建亚美尼亚年产 10 万吨阴极铜冶炼厂项目
青建集团股份公司	承建中国驻亚美尼亚使馆馆舍新建工程

数据来源:中国驻亚美尼亚大使馆经商参处。

亚美尼亚与浙江的经贸往来密切,货物通过中欧班列往来
频繁。双方文化交流也日趋频繁,例如浙江嵊州的越剧小镇,

将国家级非物质文化遗产越剧等文化传播到亚美尼亚,同时引入来自亚美尼亚的"阿拉拉特"乐队的卓越表演。

第六节　摩尔多瓦

(一)基本介绍

【国名】摩尔多瓦共和国(Republic of Moldova),简称摩尔多瓦。

【面积】约 3.38 万平方千米。

【人口】约 355.09 万(截至 2019 年)。

【首都】基希讷乌。

【时差】比北京时间晚 6 小时。

【气候】摩尔多瓦属温带大陆性气候,四季分明。年平均气温为 8—10℃,其中 1 月平均气温为 -5℃至 -3℃,7 月平均气温为 18—20℃。

【官方语言】官方语言为摩尔多瓦语,通用俄语。

【货币】摩尔多瓦列伊(1MDL = 0.3811CNY,2019 年 10 月平均汇率)。

【经济】摩尔多瓦地缘优势明显,贸易合作辐射范围广。摩尔多瓦享有 WTO、摩欧自贸区、独联体自由贸易区等多个经贸合作机制给予的贸易优惠。劳动力受教育程度高,成本低。人均 7.5 亩黑土耕地,适宜发展现代生态农业,且成本远低于欧盟发达农业国家。

【资源】摩尔多瓦自然资源相对贫乏,缺少能源资源和大宗矿物。但全国境内蕴藏着丰富的非金属富矿,主要有大理石、石膏、玻璃沙土、石灰岩、沙土、硅藻土、陶土等。其中硅藻土是摩尔多瓦宝贵的矿物资源。摩尔多瓦还盛产高品质的绿色、黄色和红褐色黏土,是制砖、制陶、制瓷器不可缺少的原料。摩尔多瓦土地肥沃,位于世界上三大黑土地之一的乌克兰大平原地区,黑钙土占国土面积的 3/4,人均 7.5 亩耕地,农业自然条件、土地资源要优于欧洲农业出口大国荷兰。

【双边贸易】据中国海关统计,2019 年 1—12 月,中摩贸易进出口额 12.16 亿元人民币,同比增长 25.3%。其中,中方对摩出口 8.93 亿元人民币,同比增长 24.4%;自摩进口 27.6 亿元人民币,同比增长 27.6%;中方贸易顺差 5.7 亿元人民币。从两国贸易的商品结构来看,摩尔多瓦向中国出口的商品较为单一,以葡萄酒为主。

【对摩投资】据中国商务部统计,2018 年当年中国对摩尔多瓦直接投资流量为 0。截至 2018 年末,中国对摩尔多瓦直接投资存量 387 万美元。

【合作领域】双方在基础设施、新能源、农业种植和加工等领域开展合作。

(二)投资环境

【中摩关系】摩尔多瓦 1992 年 1 月 30 日与中国正式建交。建交至今,两国在重大国际事务和双边关系领域一直保持着良好合作关系。

【营商环境】在世界银行 2019 年 10 月 24 日发布的《2020 年营商环境报告》中,摩尔多瓦在 190 个经济体中排名第 48 位。

【全球竞争力】世界经济论坛在 2019 年 10 月 9 日发布《2019 年全球竞争力报告》,摩尔多瓦在全球最具竞争力的 141 个国家和地区中排名第 86 位。

【重点/特色产业】摩尔多瓦国土面积的 80% 是黑土高产田,适宜农作物生长,盛产葡萄、食糖、食油和烟草等,曾是苏联水果和浆果、玉米、向日葵和蔬菜等作物的生产基地之一。摩尔多瓦葡萄种植面积为 18 万公顷,现每年葡萄酒产量约 40 万吨左右,其中 95％用于出口。拥有欧洲最大的酒窖,米列什蒂·密茨大酒窖总长 250 千米。

【商务成本】摩尔多瓦能源大部分依赖进口,水电气价格偏高。劳动力和土地资源充足。2018 年,摩尔多瓦人均月工资349 美元。

（三）中资企业投资合作情况

在服务、通信等领域合作,合作领域并不广泛,可以加强进一步合作。如表 7-6 所示。

表 7-6　在摩尔多瓦中国公司经贸重点合作项目

公司名称	主要大型工程项目
"三联"公司(郑氏国际贸易集团)	综合商贸中心
华为通信技术有限公司	CDMA450 无线接入设备、终端设备等通信产品
中兴通讯有限公司(代表处)	DSL 等通信产品

数据来源:中国驻摩尔多瓦大使馆经商参处。

摩尔多瓦与浙江的经贸往来主要通过欧亚经济联盟连接的平台进行。

第二部分

浙江融入『一带一路』建设的脚步

第八章　浙江融入"一带一路"概述

第一节　浙江与丝绸之路的历史关系

（一）历史上浙江与古丝绸之路的关系

丝绸之路是指起始于古代中国,以长安(今西安)为起点,经甘肃、新疆,连接亚洲、非洲和欧洲的古代商业贸易路线。它最初的作用是运输中国古代出产的丝绸。因此,当德国地理学家李希霍芬在 19 世纪 70 年代将之命名为"丝绸之路"后,即被广泛接受。古代丝绸之路根据运输方式分为陆上丝绸之路和海上丝绸之路。陆上丝绸之路起于西汉都城长安(东汉延伸至洛阳)。自张骞出使西域后,汉代的使者、商人接踵西行,西域的使者、商人也纷纷东来。他们把中国的丝和纺织品,从洛阳、长安通过河西走廊、今新疆地区,运往西亚,再转运到欧洲,又把西域各国的奇珍异宝输入中国内地。由于东西方运输的货物量增加,而陆路运输的运量又有限,从汉武帝以后,西汉的商人常出海进行贸易,大量货物通过船舶进行海上运输,因此逐渐开辟了海上交通要道,这就形成历史上著名的海上丝绸之路。

近代中国最早的 5 个通商口岸所在城市分别是广州、厦门、福州、宁波和上海。其中,浙江宁波是人类从事浅海活动的最早地区之一,宁波港也是中国最古老的港口之一,春秋时期称句章港,唐代称明州港,元代称庆元港,明代开始称为宁波港。早在 7000 多年前,宁波地区的河姆渡先人就能造船并用于水上生产。如果说河姆渡文化是宁波"海上丝绸之路"的源头,句章(今宁波)港则是其发展的历史基础。春秋时期,越王在句章港设置造船工厂,制造战船,兴办水师,同时吸引前来贸易的"海人",使句章港成为具有军事和商贸双重功能的重要港口。到了汉代,位于宁波慈溪上林湖地区的古窑址生产的越窑青瓷,漂洋过海到了日本列岛、朝鲜半岛和东南亚国家,宁波的贸易和文化随之交流日益向海内外拓展。唐代,宁波成为南北货物的集散地和全国最为重要的港口之一。宋代全方位推动对外开放,明州港的商贸活动走向鼎盛,成为中国与高丽、中国与日本贸易的重要港口,当时通过明州港从海外进口的货物已达 160 余种。元代起,明州港改名庆元港,成为与泉州港、广州港并立的元朝三大对外贸易港之一。庆元港还是元代的重要军港,为了准备大规模远海征战,庆元港修建了不少码头、仓库、造船工场,扩大了港口范围,增添了许多航海设备。此外,庆元港也是元代海漕运输起航点之一。庆元港海漕运输开通后,北方商人和商船逐渐在庆元扎下根,为北号商业船帮的形成奠定基础,也为后来宁波港发展成为我国重要的贸易中转港打下基础。由此可见,元代的庆元港是以外贸为主的商、军、海漕运输的多功能海港。当时进口的货物达 220 种,大大超过宋代。通过庆元港进行贸易的有日本、朝鲜,以及东南亚、南亚、西亚和非洲等众多国家和地区。公元 1364 年,朱元璋复改庆元为明州。公元 1381 年,为避明国号之讳,取"海定则波宁"之意,再改明州为宁波府,宁波港的称谓也由此开始。明宣和后,为防止因战败而逃到沿海岛屿或海外的元朝将士以及倭寇的侵入,就采取"海禁"政策。尤其是明朝嘉靖年间,"海禁"日益严厉,宁波沿海连下海捕鱼与海上航行都在禁止之列。发展中的宁波港,受到这种严重的阻碍后,开始走下坡路,持续时间长达近 3 个世纪。鸦片战争后,宁波港管理权落到英国殖民者手里,一直到 1933 年英国政府才正式撤销宁波的英国领事馆,归还港口管理权。之后,宁波港又遭受抗日战争和国民党政府的两次破坏。1949 年 5 月 25 日,宁波解放;5 月 28 日宁波市军事管制委员会成立,当天宣布接管浙海关,结束了近百年来由外国人管理浙海关的历史。宁波港的沿海航线直到 1950 年 5 月 17 日舟山解放后方才开始畅通。经过 3 年恢复、4 年建设,到了 1956 年,宁波港的客运量达到 79 万人次,货运量达到 58 万吨。

中共十一届三中全会以后,宁波港进入高速发展阶段。1996 年,浙江省出台《宁波舟山港口中期规划》,第一次提出两港统一规划、统一建设、统一管理的思路。2006 年 1 月 1 日起,正式启用"宁波—舟山港"名称,替代原"宁波港"和"舟山港"。2009 年开始,宁波—舟山港超越上海港成为世界港口吞吐量第一,已连续 11 年位居全球港口第一。借助"一带一路"倡议的春风,宁波港迎来了跨越式发展。2013 年,宁波—舟山港货物吞吐量只有 8 亿吨,而 2019 年则突破 11.19 亿吨,增幅为 39.9%;2013 年,宁波—舟山港集装箱吞吐量只有 1735 万标准箱,而到了 2019 年则提升至 2753 万标准箱,增幅达 58.7%。

(二)当前浙江与"一带一路"的关系

自 2013 年中国国家主席习近平提出共建"丝绸之路经济带"和"21 世纪海上丝绸之路"倡议以来,近 6 年时间中,"一带一路"倡议在世界范围结出累累硕果。而作为沿海开放大省的浙江,从理念到蓝图、从方案到实践,"一带一路"建设工作也不断迈上新台阶。

浙江省商务厅提供的数据显示,这些年来,浙江与"一带一路"沿线国家经贸合作不断加强。2019 年浙江实现与"一带一路"沿线国家和地区进出口总额超 1 万亿元,对沿线国家和地区投资额比上年增长超 70%。2013 年至 2018 年,浙江吸引"一带一路"国家和地区实际外资 33.9 亿美元。此外,截至 2018 年 4 月,浙江企业在"一带一路"沿线国家已建设有 10 个境外经贸合作区,累计投资超过 55 亿美元,带动东道国就业超 6 万人。

这些数字背后,是浙江聚焦"一带一路"建设重点,快速搭建起的一条条国际大通道、一个个开放大平台、一批批重大项目和一次次重大活动。

一条条的国际通道,联通了"一带一路"沿线各国——仅 2019 年,就有 500 趟中欧(中亚)班列呼啸前行,辐射 37 个国家和地区;在义甬舟开放大通道上,浙江正实现与"一带一路"沿线的陆海联动、东西互济,将其建设成东接"21 世纪海上丝绸之路"、西连"丝绸之路经济带"的物流运输大动脉,其中宁波—舟山港起着重要的运输枢纽作用。

一个个开放大平台,夯实了"一带一路"的枢纽基础。2019 年 3 月初,作为"一带一路"建设的重要平台,浙江自贸试验区建设进入新阶段——杭州、宁波等 6 个联动创新区建设全面启动,加速在全省复制借鉴全国自贸区建设经验,将为浙江建设"一带一路"提供更多制度创新供给。不仅如此,中国—中东欧"17+1"经贸合作示范区合作层次也得到全方位提升;中印尼产业园"一园多区"模式正稳步推进;"一带一路"捷克站货运场、物流园、浙江丝路中心投入运营。

一批批的重大项目,推动"一带一路"走深走实。2019 年,浙江省推进"一带一路"建设重大项目库建立,全面实现对重大项目分类指导推进。在此基础上,一个个大项目随之落地:沃克斯绿色储能锂电池等一批重大外资项目在浙江加快建设;年产 6 万吨氢氧化镍钴项目等一批 1 亿美元以上的境外投资项目投向"一带一路"沿线国家。

一次次重大活动,唱响"一带一路"上的浙江最强音。2019年,高规格举办浙江省推进"一带一路"建设大会,签约中印尼港口园区等 20 个重大项目,总投资超过 143 亿美元;高层次举办首届国家级中国(宁波)—中东欧国家博览会暨国际消费品博览会、世界互联网大会、世界浙商大会、世界油商大会、浙江省推进"一带一路"建设大会、海丝港口国际合作论坛等。这些活动已成为浙江省对外开放的"金名片"。

此外,浙江充分发挥民营经济大省优势,200 多万全球浙商已成为浙江省高质量推进"一带一路"建设的主力军。全面投产的恒逸文莱炼化项目一期,是我国最大的单体民企境外投资项目;中印尼青山园区总投资 80 亿美元,帮助当地解决就业近4 万人,是我国民企在境外投资的最大产业园区。

浙商企业出海"一带一路"沿线国家的情况遍布各大行业。例如吉利汽车,业务遍及欧洲、马来半岛、白俄罗斯等地区,促进与世界互联互通,共同繁荣;全球知名的阿里巴巴集团,通过推动跨境电商、普惠金融、云计算和 eWTP 倡议等数字经济领域的发展,促进"一带一路"沿线国家贸易畅通、数字基础设施完备,为全球中小微企业和青年人创造普惠和可持续的发展机遇,其旗下的菜鸟网络已接入遍布全球 250 多个跨境仓,服务覆盖 224 个国家和地区,全球已有 9 个支付宝本地钱包,服务全球超过 10 亿消费者;浙江正泰集团已与 80% 以上的"一带一路"沿线国家建立了不同程度的合作关系,布局光伏智能制造工厂、输变电设备区域工厂或研发机构。

浙江将与"一带一路"沿线国家同命运、共呼吸,描绘出更加精彩的画卷。

第二节 浙江融入"一带一路"的优势

（一）区位与港口优势

浙江地处我国东部沿海乃至欧亚大陆东部漫长海岸线的中间点，是西太平洋北方航线（东北亚航线）和南方航线（南洋西洋航线）的交接点，在"海上丝绸之路"尤其是在"东亚地中海（环中日韩）航线"乃至南太航路的开拓中，浙东先民古越族人居功至伟。这种区位优势在现代世界航运网络中的地位更加突出了。

近年来，浙江通过加快推进舟山新区建设，推进以舟山与宁波港口为核心的宁波—舟山港一体化，提高了港口中转运输能力与大宗货物仓储运输能力。同时，通过加大港口—企业、港口—市场合作，有针对性地拓展航运线路、舟山自由贸易港区建设，浙江正逐步发展成"一带一路"的货物吞吐"龙口"。

据浙江省港航管理中心的数据显示，2019年宁波—舟山港累计完成货物吞吐量11.19亿吨，成为目前全球唯一年货物吞吐量超11亿吨的超级大港，并连续11年位居全球港口第一。

良好的海港发展条件，为浙江省推进东西双向开放，打造连接陆上和海上丝绸之路的战略大通道，提供了坚实的支撑。

（二）历史与地缘优势

自古以来，浙江一直是丝绸之路的重要节点，是我国对外开放的门户和对外交往的前沿。远在隋唐时期，浙江就通过京杭大运河与丝绸之路的联结，将浙产丝绸、瓷器与其他特产，源源不断输向中亚、西亚，达及欧洲，杭嘉湖成为著名的"丝绸之府"；南宋时期，宁波、温州等地港口经海路向东南亚、南亚及北非输出浙江及周边地区特色产品；近代以来，浙江沿海成为全国最早的开放地区。

在唐宋元明海上丝路的繁盛时期,浙江的杭州、宁波、温州三大港城,丝绸、瓷器、茶叶三大特产,使臣、僧人、舶商三大群体,在我国对外开放、海外贸易,与各国友好往来、文化交流中扮演了重要角色,发挥了地缘、经济和文化三大优势,为中外文明交流互鉴、中日韩佛教"黄金纽带"和东亚"儒家文化圈"的形成做出了历史性贡献,其影响之深远波及近代以来东亚地缘格局的构建和演变。

目前,浙江与"一带一路"沿线国家经贸往来基础良好。浙江 2019 年全年进出口总值突破 3 万亿元大关,增长 8.1%,占全国进出口总值 9.8%;出口高新技术产品增长 14%;对"一带一路"沿线国家进出口 1.05 万亿元,首次突破万亿元大关,增长 16.7%,增速为自倡议提出以来最高。2019 年,浙江民营企业出口 1.84 万亿元,增长 11.5%,占全省出口总值的 79.8%,对全省出口增长贡献度达 99.8%。2019 年浙江省政府工作报告中显示,2019 年浙江跨境电商进出口额增长 35%。

根据杭州海关数据显示,2019 年,浙江省有进出口记录的企业数量达 82960 家,同比增加 7.3%。其中,出口企业增加 7.1%,在出口企业中,成立 5 年以上的企业占比,从 2015 年的 57.6% 上升至 2019 年的 67.4%,表明浙江省出口企业主体增加,抗风险能力不断增强,经营更加稳健。

根据杭州海关数据显示,2019 年浙江省中欧班列开行 528 列,进出口额 134 亿元,增长 47.9%。以中欧班列为代表的开放平台和创新举措,正让浙江的"朋友圈"更加国际化。

(三)人文与资本优势

浙江居开放前沿,自古得风气之先,深受八面来风的浸淫,养成了浙江人放眼世界、开放包容、兼容并蓄的大视野与广阔胸襟,敢为人先、勇于开拓、走天涯闯世界的大无畏精神,思维灵活、精于事业、善于经商致富的真本事真功夫,睡得了地板、吃得下窝头、勤劳奋发的吃苦耐劳好品格。千百年来,浙江人这种开放包容、勇于开拓、敢于创新、敢为天下先的人文品格和创新精神,已经融入浙江社会经济和文化的毛细血管中,成为浙江地域文化和传统文化的鲜明特质和优势资源,成为取之不竭用之不尽的宝贵精神财富,激励着新时代浙江人勇立潮头、敢为人先的创新实践。

目前,浙商对省外投资与海外投资稳居全国首位,浙商一方面通过创办海外市场和贸易窗口、设立工业园区、创办工厂、开办农场及承接基础设施项目,促进了浙江产品、资本与技术的输出,推进了浙江经济的转型升级;另一方面,通过直接投资、项目合作、进口贸易,促进了当地就业增加与经济发展,实现了浙江与"一带一路"沿线国家与地区的互惠互利。浙江金融机构也顺势跟进,在资金上为浙商参与"一带一路"建设保驾护航,使浙江成为全国"一带一路"建设的"钱库"与企业家"宝库"。

(四)产能与市场优势

浙江作为我国率先发展的东部沿海经济大省和外贸大省,是全国乃至全球重要的轻工、日用消费品生产和流通集聚区。拥有先发经济、外向度高、优质产能、民资充裕、深水良港、跨境电商和浙商人才等诸多优势资源,以传统制造业和出口外向型企业为主的浙江经济,产品对海外市场依存度高,浙商拥有充裕的民间资本、灵活的投融资机制和国际化经营经验,以宁波舟山港及自贸区为龙头、以阿里巴巴跨境电子商务为依托、以义乌小商品城和中欧班列为载体,浙江拥有海陆(铁)两路联运、线上线下互动的物流大格局,为浙江产能输出和转移、民营资本及浙商二次"走出去"奠定了领先优势,而高效廉洁政府和优美生态环境更让浙江如虎添翼。

浙江与"一带一路"沿线国家经济互补性强,其中中亚、中东欧国家对日用消费品的需求量极大而其自身生产供给能力弱,而浙江的日用品产业和市场发达,可以进行供需互补。同时,上述国家自然资源丰富、原材料价格低廉,与浙江资源能源、销售市场"两头在外""大进大出"的发展模式相契合,非常适宜开展国际产业分工合作。

浙江以轻工业、中小企业为主,机制灵活,调整转型敏捷,建立在产业集群上的浙江产品具有价格竞争优势,并正建立质量与品牌优势。浙江产业在国际产业分工中具有"承上启下"的作用,更易于同"一带一路"沿线的发达国家与发展中国家建立紧密的产业分工协作链,可充当产业链分工与产业合作的"中枢"。

以义乌中国小商品城与绍兴中国轻纺城为代表的浙江市场已成为国际经贸合作新平台。近年来,浙江通过建设与拓展义新欧国际货运班列,推进义甬舟大通道建设,使浙江成为"一带一路"沿线国家与地区的"大市场"。

浙江借助信息经济、智慧经济的快速发展,以杭州、宁波等地的网络跨境贸易为基础,加快线上线下融合,加大网络贸易平台与专业市场合作,促进国际贸易的新发展,促进新兴产业的国际技术合作与产业协作,浙江将争取建设成"一带一路"大数据储藏交易的"龙口"。

第三节 浙江融入"一带一路"的总体目标

为主动参与和服务"一带一路"倡议实施,纵深推进浙江省"一带一路"枢纽建设,争当新时代全面扩大开放的排头兵,2018年6月8日浙江省出台《浙江省打造"一带一路"枢纽行动计划》(以下简称《行动计划》),《行动计划》紧紧围绕"一带一路"倡议和全省高水平建设大湾区、大花园、大通道、大都市区总体部署,加快建设现代物流枢纽、国际科创产业合作高地、新型贸易中心、新兴金融中心、国际人文交流基地,高水平打造"一带一路"枢纽,增强国际经济合作和竞争新优势,同时充分发挥浙江在区位条件、港航物流、数字经济、跨境电商、全球浙商、改革创新等方面的综合优势,加快形成以"一区、一港、一网、一站、一园、一桥"为框架的"一带一路"建设总体格局。

《行动计划》制订的主要目标是到 2022 年,浙江省"一带一路"枢纽功能有效发挥,国际经济合作和竞争优势明显提升,全面开放新格局基本形成。中国(浙江)自由贸易试验区建设和自由贸易港创建取得重大进展,辐射全球的国际港航枢纽和现代物流体系基本形成;电子世界贸易平台(eWTP)快速推进,以数字贸易、服务贸易和金融科技为特色优势的新型国际贸易中心基本形成,大宗商品交易、小商品贸易保持领先;国际产业和科技创新合作水平位居全国前列,优势产能合作、海外资源开发、企业跨国并购等对外投资规模进一步扩大,方向与结构进一步优化;国际交往水平进一步提升,形成一批具有较强国际影响力的国际展会、合作交流平台和特色文化品牌。货物贸易出口保持全国份额 12.5% 以上,跨境电子商务网络零售出口额达到 1000 亿元;宁波舟山港货物年吞吐量超过 12.5 亿吨,全省集装箱年吞吐量达到 3400 万标箱,海上国际航线达到 250 条;国际旅客年吞吐量达到 1000 万人次以上;对外投资力争 5 年累计达到 500 亿美元,实际引进外资累计 1000 亿美元;省级以上境外经贸合作区力争达到 10 家,省内国际产业合作园达到 25 家。

到 2035 年,现代物流、国际科创产业合作、新型贸易、新兴金融、国际人文交流等方面的全球辐射影响力进一步增强,"一带一路"枢纽地位更加凸显,成为高水平开放高地。

(一)"一带一路"浙江定位

浙江作为率先发展走在前列的经济大省,发挥自身独特的优势,当好推进"一带一路"的排头兵。同时,根据《行动计划》,浙江在"一带一路"倡议中的定位是重点构建"一带一路"经贸合作先行区、"一带一路"物流枢纽区和跨境电子商务示范区。

1."一带一路"经贸合作先行区

核心是围绕"五通"扩大双向贸易和投资,做实经贸基础,成为我国推动"一带一路"建设的"排头兵"。积极推动浙江企业"走出去",重点争取并推动一批能上升到国家战略层面的重大经贸合作项目,争取承建国内及"一带一路"国家的港口、铁路、公路等一批重大工程项目。加强与"一带一路"国家的资源开发、农业合作,全面布局销售网点、生产基地、研发中心等,做强现有境外工业园区,并在条件成熟的沿线地区新设若干个境外工业园区。扩大传统产品出口,提高装备制造、成套设备等高端产品出口比重,着力推动影视、动漫、金融、物流等服务出口,加大紧缺型资源品进口。切实引进一批优质外资、技术和服务。

2."一带一路"物流枢纽区

充分发挥浙江港口、物流等集疏运优势,实现"一带一路"货物在浙江的贸易、中转和集散。着力把义乌打造成集出口、进口、转口于一体,传统产品走向全球的国际贸易大通道;打造宁波、舟山成为大宗商品全球集散的国际贸易大通道;完善江海、海铁等多式联运物流体系建设,加快浙江与丝绸之路各节点城市的铁路骨干网、支线网和场站网形成无缝对接的交通集疏运网络,构建面向中西部、对接海内外的海铁、江海联运体系。

3. 跨境电子商务示范区

浙江是全国电子商务发展最为活跃的地区之一。2017年,全省实现跨境电商零售进出口总额603.9亿元,增长49.6%,其中跨境电商零售出口438.1亿元,增长37.2%,跨境电商零售进口165.8亿元,增长96.6%。从主要地区上看,金华市、杭州市、宁波市等3地的跨境电商零售出口额居全省前3,占比分别为55.1%、19.3%、9.1%,占全省跨境网络零售出口的83.6%。浙江应充分发挥电商尤其是跨境电商的独特发展优势,面向"一带一路",推动构建一个由数十亿消费者、生产商、批发商、零售商、服务提供商等组成的网络经济体,为"一带一路"国家的广大中小微企业和个人从事跨境电商贸易提供更全面、专业的综合性服务。使浙江引领全国打造"网上丝绸之路",推动形成"一带一路"线上线下协同共进新格局。

(二)"一带一路"浙江布局

根据《行动计划》,浙江在围绕"一带一路"倡议和全省高水平建设大湾区、大花园、大通道、大都市区总体部署下,加快形成以"一区、一港、一网、一站、一园、一桥"为框架的"一带一路"建设总体格局。

1. 建好自贸试验区,打造对外开放新高地

建好"一区",即自贸试验区。以高水平建设中国(浙江)自由贸易试验区和积极探索建设自由贸易港为龙头,加快推进义甬舟开放大通道建设,提升大都市区国际化和各类平台开放水平,打造对外开放新高地。

建好高水平中国(浙江)自由贸易试验区。形成以集储运、

加工、交易为一体的油品全产业链,不断推动港口建设、国际中转、油品交易、离岸经济创新,建设世界级油品交易中心和大宗商品人民币国际化结算示范区,积极争取自由贸易港在浙江落地。加快复制全国自贸试验区成熟经验,提升海关特殊监管区综合服务水平,探索实行"海关特殊监管区＋开发区"建设和管理模式。推进现代产业园建设,建立浙江国际农产品贸易中心。

建好中国—中东欧"16＋1"经贸合作示范区。全面深化与中东欧国家宽领域双向经贸合作,办好中国—中东欧国家投资贸易博览会,深入推进中国—中东欧国家贸易便利化国检试验区建设,推动中国—中东欧贸易指数研发。

建好宁波"一带一路"综合试验区。推进港航物流、金融服务、科技产业、投资贸易、教育旅游等领域的双向开放合作,强化民营企业"走出去"服务创新,加快中意宁波生态园等国际产业合作园建设,探索"一带一路"建设新模式、新路径、新机制。

建好义乌国际贸易综合配套改革试验区。推进《浙江省义乌市国际贸易综合改革试点三年(2017—2020 年)实施计划》,落实国家相关部委改革工作举措,加快推动义乌国际贸易综合配套改革试验区建设。

2.筑好国际枢纽港,打造国际现代物流体系

筑好"一港",即国际枢纽港。以宁波—舟山国际枢纽港为核心,加快推进海港、空港、陆港、信息港"四港"融合发展,加强与"一带一路"沿线国家和地区互联互通,打造辐射全球的国际现代物流体系。

筑好世界级港口集群。以宁波舟山港为核心,加快推进沿海港口一体化,合力建设世界级港口集群。完善港口设施、集疏运体系和多式联运网络,增强国际大宗商品储运中转和集装箱运输服务优势,提升"海丝指数"国际影响力。积极参与港航国际合作项目,探索推进"一带一路"沿线国家和地区港口基础设施等投资运营合作,支持宁波—舟山港发起组建"21世纪海上丝绸之路"港口联盟。

筑好国际航空枢纽港。支持杭州建设国际门户枢纽机场,提高宁波、温州两地机场国际化水平,构建通达"一带一路"沿线国家和地区的航空运输网络。加快杭州、宁波、温州三地机场高铁引入,推进省内主要城市便捷接轨国际空港的综合交通体系建设。

筑好义乌国际陆港。加强义乌陆港与宁波—舟山港一体化运行,构筑东西双向互联互通物流大通道。加快义乌陆港物流园区、义乌保税物流中心二期等项目建设,完善口岸平台功能,全面提升义乌陆港国际化综合服务水平。

筑好"一带一路"信息港。完善杭州、宁波国际通信专用通道,增加与国家骨干网的互联带宽,加快部署基于第五代移动通信(5G)、互联网协议第六版(IPv6)等技术的下一代互联网,尽快建成新型国家互联网交换中心。积极推动与"一带一路"沿线国家和地区的信息走廊建设,加强云计算、大数据、"城市大脑"等方面国际合作。

大力发展陆海空多式联运。高水平打造舟山江海联运服务中心,积极发展江海、海铁、公铁、空铁等多式联运。扩大重点口岸开放,加快宁波国家海铁联运综合试验区和杭州、宁波临空经济示范区建设。推进国家交通运输物流公共信息平台建设和应用,打造服务"一带一路"建设智慧物流平台。

3.联好数字贸易网,打造"数字丝绸之路"门户枢纽

联好"一网",即数字贸易网。以电子世界贸易平台(eWTP)为引领,发挥跨境电子商务和"互联网＋"优势,强化国

际贸易创新,拓展国际新金融服务,打造"数字丝绸之路"门户枢纽,积极探索全球电子商务新模式新规则新标准。

以中国(杭州)、中国(宁波)跨境电子商务综合试验区为主体,争取设立中国(义乌)跨境电子商务综合试验区,合力建设以数字贸易为特色的新型贸易中心,打造"数字丝绸之路"门户枢纽。全力办好全球跨境电子商务大会等重要活动,支持杭州申办"数字丝绸之路"国际峰会。

推动服务贸易创新发展。着力培育浙江服务贸易特色优势,重点推进杭州服务贸易创新发展试点工作,加快形成并复制推广试点经验。优化服务贸易结构,积极开拓文化、教育、中医药等新兴服务贸易。创新贸易方式,推动构建"互联网＋服务贸易"新体系,促进服务贸易提质增效。建设一批省级服务贸易发展基地,培育一批服务贸易领军企业,打造"浙江服务、服务全球"品牌。

打造金融科技新优势。加强金融服务与数字贸易联动创新,扩大金融服务跨境合作,全面构建国际新金融产业链和生态圈。依托新金融服务龙头企业,建设金融大数据服务中心、跨境电子商务金融结算平台,开拓移动支付等金融服务市场。支持杭州创建国际金融科技中心,加快推进钱塘江金融港湾、金融特色小镇、中英"一带一路"金融服务平台等建设。

推进国际贸易优出优进。加大"一带一路"沿线国家和地区市场开拓力度,加强高新技术产品、名优特产品和服务贸易出口,巩固扩大全球市场份额,支持温州申报鹿城区市场采购贸易方式试点。扩大重要资源、先进技术装备和优质消费品进口,支持建设进口商品展销中心和特色街区。提升中国浙江投资贸易洽谈会、中国义乌国际小商品博览会等重大展会平台国际化、专业化水平。

强化投融资服务体系建设。鼓励各类金融机构为"一带一路"建设项目提供综合性金融服务,支持浙江丝路产业投资基金等"一带一路"基金发展,创新和强化出口信用、海外投资、工程建设、企业财产、航运、巨灾等各类保险合作,放大宁波国家保险创新综合试验区辐射效应。健全完善金融服务绿色项目机制,加强绿色金融的对外交流合作。深化创业投资领域双向开放,探索建设创业投资综合改革试验区。

深化国际金融机构合作。加强与世界银行、亚洲基础设施投资银行、金砖国家开发银行等国际金融组织的合作,吸引"一带一路"相关国际开发性金融机构等到浙江设立机构并开展业务。办好 Money20/20 全球金融科技创新大会等重要国际会议。

4.布好境外贸易站,打造"一带一路"节点网络

布好"一站",即境外服务站。以先行建设捷克站为支点,谋划布局一批境外系列服务站,充分发挥系列服务站对班列、贸易、制造、物流、信息等方面的综合支撑作用,打造具有浙江特色、服务"一带一路"建设的节点网络。

大力提升义新欧班列运营质量和效益。以"义新欧"为主品牌,坚持运营主体民营化,加强跨国协调合作,推动班列增点扩线和双向常态化运行,提升班列跨境物流运营效率。加强全程物流服务、技术标准修订等方面国际合作,提升班列贸易便利化水平。

先行建设捷克站。在统一合作协商、统一规划设计前提下,鼓励多方参与共建共享。2018 年启动建设捷克站货运场和物流园区,2020 年货运场、物流园、商贸园初具规模,力争 2022 年全面建成货运场、物流园、商贸园、工业园和综合服务园"一场多园"多功能服务站。

　　谋划建设境外系列服务站。加强与"一带一路"沿线国家和地区的沟通协商,依托重要海港、航空港、铁路枢纽以及自由经济区,布局建设一批立足当地、辐射周边并具有班列中转、物流集散、加工制造、展示展销等多功能的系列服务站。重点加快迪拜站等一批站点的谋划对接和合作共建。

　　强化国际经贸合作网络建设。提升浙江驻德国(欧洲)、新加坡(东南亚)商务代表处服务能力和水平,加快建设驻美国(北美)及非洲商务代表处。加强与使(领)馆、国际经贸合作机构、国际商会、国际友城、侨团组织、海外浙商等多方位联系,建立顺畅高效的贸易投资促进和沟通协调机制。支持浙商总会建设"一带一路"浙商站。

　　5.造好国际合作园,打造科创产业合作发展先行区

　　造好"一园",即国际合作园。以境外经贸合作区为载体,以重大合作项目为支点,加快推进国际产业合作。以省内国际产业合作园为平台,大力集聚国际高端产业和创新要素,打造"一带一路"国际科创产业合作高地。

　　建设高水平国际合作园区。巩固提升泰国泰中罗勇工业园、乌兹别克斯坦鹏盛工业园、越南龙江工业园、俄罗斯乌苏里斯克工业园、塞尔维亚贝尔麦克商贸物流园、墨西哥华富山工业园等境外经贸合作区,进一步拓展拉美、中东欧、非洲等地区域布局。加强国际联合创新,建设一批科技研发型境外经贸合作区。省内以各类开发园区为依托,加强资源整合,打造一批功能突出、特色鲜明的国际产业合作园、科技合作园、重大境外并购项目回归产业园。

　　打造创新合作平台。推进与"一带一路"沿线国家和地区合作共建创新孵化中心、联合实验室或技术研究中心、技术转移中心和科技园区,打造一批高水平国际研究机构和海外产业创新服务综合体,推动国际联合技术攻关和成果转化。支持杭州、宁波等城市在美国、以色列等国家设立创业投资孵化机构。加快建设西湖大学,支持高校院所加强与国际名校名院合作,大力吸引海内外高层次人才来浙创新创业。推动浙江科技大市场国际合作,共建国际技术交易数据库。

提升国际产能合作水平。引导建材、石化、汽车、轻纺、船舶和海洋工程、工程机械、电力等优势产能海外布局,形成一批境外产能合作基地,拓展农业和海洋等多领域国际合作。积极推进"一带一路"基础设施互联互通建设,鼓励建筑业"走出去"开拓国际市场。

加强海外资源合作开发。支持有实力的企业参与东盟国家、俄罗斯和中亚、西亚地区等的油气资源合作开发,助推国家亚太油气生产基地建设。扩大与东南亚、澳洲、拉美、非洲等地区在铁、铬、钴、钾盐、铝矾土等矿产资源方面的合作开发,建立一批重要资源开发供应基地。

培育本土跨国公司。推动本土优势企业跨国经营,建立境外分支机构,开展投资并购、境外上市,积极鼓励境外并购重大项目回归省内落户。力争培育形成 20 家以上本土跨国公司,引领浙江企业提升国际竞争能力。

6. 架好民心连通桥,打造国际人文交流基地

架好"一桥",即民心连通桥。以加强文化、教育、医疗、旅游、国际友城、高端智库等交流合作为桥梁纽带,发挥全球浙商优势,深化民间交往,促进与"一带一路"沿线国家和地区民心相通,打造国际人文交流基地。

扩大文化交流与合作。举办好世界互联网大会、联合国世界地理信息大会、世界油商大会、世界浙商大会、中国国际茶叶博览会、中国杭州西湖国际博览会、中国国际动漫节等重大国

际会议和展会。在"一带一路"沿线国家和地区举办一批具有浙江特色的文化交流活动,推动浙江优秀传统文化、文学作品、影视产品等"走出去"。办好2022年第19届亚运会等重大国际体育赛事。支持温州创建世界华商综合发展试验区,金华创建中非文化合作交流示范区,衢州推进与南南合作促进会合作项目建设,义乌建设捷克小镇,青田创建华侨经济文化合作交流试验区,打造一批"一带一路"特色窗口。

大力开展教育国际合作。围绕"一带一路"建设和城市国际化、企业国际化、人才国际化,全面开展教育国际合作。大力引进"一带一路"沿线国家和地区优质教育资源。广泛开展与国际知名院校合作办学,提升浙江大学国际校区、宁波诺丁汉大学、温州肯恩大学等中外合作办学机构办学水平,支持开展境外合作办学。积极创建国际教育培训中心,为"走出去"企业、"一带一路"沿线国家和地区培养专门人才。推动建立"一带一路"沿线城市产业科教联盟。

加强医疗卫生领域合作。支持在"一带一路"沿线国家和地区建设经营医院,开办特色医疗诊所。推动省内医院加大国际合作办医力度,推进国际化医院试点,积极开展国际养老合作。积极推广中医药产品和技术标准,支持在"一带一路"沿线国家和地区建设一批中医药海外中心。

深化国际旅游合作。提升杭州国际旅游服务水平,加快推进全省旅游国际化进程。继续办好世界休闲博览会,支持宁波、温州、舟山等地建设国际游轮母港,支持台州等地建设国际邮轮停泊港。发挥世界旅游联盟总部落户杭州的带动作用,办好国际海岛旅游大会、国际乡村旅游大会、中国(宁波)—中东欧国家旅游合作交流会等重大旅游主题活动。

提升国际友城合作水平。扩大和深化国际友城合作,深化民间交往,举办富有地方特色的友城交流活动,丰富内涵、提升水平。至 2022 年,各市、县(市、区)基本实现国际友城结对覆盖。

加强高端智库合作交流。发挥国家和省高端智库试点单位及各类研究机构作用,开展决策咨询、投资贸易促进等研究。深化智库国际合作交流,增进政策沟通和人文交流。

第九章　浙江融入"一带一路"建设

第一节　浙江融入"一带一路"的六条路径

（一）积极推进自贸试验区建设，着力提升大宗商品全球配置

在推进"一带一路"建设的同时，党中央统筹全局，同时推出了加快建设自由贸易园区的战略。2016 年 8 月，浙江成为国家第三批自贸区的一员，这为激发浙江经济发展活力，进一步融入全球经济找到新的突破口。浙江自贸区的主要任务是探索建设舟山自由贸易港区，推动大宗商品贸易自由化，提升大宗商品全球配置能力。根据总体方案，浙江自贸区实施范围119.95 平方千米，由陆域和相关海洋锚地组成，以制度创新为核心，以可复制、可推广为基本要求，将自贸区建设成为我国东部地区重要海上开放门户、国际大宗商品贸易自由化的先导区和具有国际影响力的资源配置基地。

经过 3 年左右的探索，基本实现投资贸易便利、高端产业集聚、法制环境优良、金融服务完善、监管高效便捷、辐射带动效应突出，以油品为核心的大宗商品全球配置能力显著提升，对接国际标准的自由贸易港区。

（二）发挥跨境电商发展优势，打造"网上丝绸之路"

21 世纪丝绸之路最大的亮点和后发优势，是以数字技术为基础、以信息化互联网为载体的"网络丝绸之路"，其核心是跨

境电子商务。杭州作为国务院批准设立的中国首个跨境电子商务试验区,应积极将这一国家级政策融入"一带一路"中去,发挥以阿里巴巴为代表的电商资源优势,率先打造"杭州版"的"网络新丝路",网聚全球中小企业,开辟全球化新市场,逐步形成一套引领全球跨境电子商务发展的管理制度和游戏规则,成为未来全球商业模式的标准制定者。

进一步激发金华、宁波、温州、台州、嘉兴等地的跨境电商发展潜力,加快创新突破,争取在单一窗口平台、大数据建设、数据统计等公共服务及贸易便利化上有重大突破;运用大数据、云计算、物联网、移动互联网等新理念、新技术,有重点地支持一批教育、旅游、文化、影视等服务贸易电商化,加快浙江服务通过电商与"一带一路"国家互联互通。推动企业在"一带一路"沿线交通枢纽和节点城市建立仓储设施和分拨中心,推动有条件的地区设立电商产业园或物流基地等。

(三)推进宁波舟山港建设,打造国际物流枢纽

以宁波舟山港和义乌商贸城为桥头堡,建设海陆联运,贯通亚非欧物流大通道。立足长远向一体化、协同化、集群化发展的"宁波—舟山港",区位前置,面朝繁忙的太平洋主航道,背靠中国内地最具活力的长三角经济圈,俨然已是国家枢纽港、世界级东方大港。这里是我国集装箱、铁矿石和原油转运重要基地。2016 年开辟国际航线 82 条,全年航班 4412 班。到2019 年,宁波舟山港完成货物吞吐量 11.19 亿吨,连续 11 年位居世界第一,完成集装箱吞吐量超 2753 万标准箱。从港口铁路北仑港站到西安的海铁联运集装箱铁路班列已开通 11 条,范围涵盖 12 个省 20 多个城市,一路向西延伸至中亚、北亚及东欧国家;航线遍布欧美、中东、东南亚地区,覆盖 70% 的"一带一路"沿线地区,成为东南亚国家输往日韩、北美等地国际贸

易货源的重要中转站。"世界小商品之都"义乌中国小商品城，2016年经营户达7万多个，商位出租率达96%，成交额年增幅持续保持在10%以上，稳坐全国乃至全球小商品市场头把交椅。这里已开通多条从义乌始发通往中亚五国、马德里、德黑兰、俄罗斯、阿富汗、白俄罗斯、里加、英国伦敦等铁路国际联运线路，中欧班列(义乌)往返已超过100列。在国家自贸港布局中，宁波舟山港相较于上海和深圳具有显著优势，要积极争取宁波舟山港成为首个自贸港，加之中欧班列的常态化运行，形成以浙东为中心的亚非欧海陆物流新干线、大通道。

同时，浙江省成立海港集团，标志着浙江全省港口资源整合、实现海洋港口一体化发展取得了突破性进展，为建设港航强省和海洋经济强省奠定了坚实的基础。要以此为契机，大力推动其成为浙江聚集配置国际贸易、港航、物流资源的战略高地和全球一流的现代化多式联运国际枢纽港，打造浙江向东融入"一带一路"的重要战略支点。

（四）推动开放平台建设，打造区域交流合作平台

通过项目工程，鼓励"新浙商"再次走出去。随着丝路基金、亚投行等的设立运行，以前"走出去"的方式是产品输出，通过外贸将大量的浙江制造输出海外。如今新一代浙商必须打开国际视野，通过跨境电子商务网络、地区和国家的中小企业物联网、高端制造业和智能互联项目、智慧城市建设等项目和工程，带动新浙商集聚化走出国门，走向世界，在积极参与"一带一路"下的全球化过程中实现自身的真正全球化。着力推动义乌将深化国际贸易综合改革试点与国内贸易流通体制改革试点等相结合，在内外贸一体化发展的体制机制方面先行先试，为全国探索可复制、可推广的经验；大力推动义乌在"一带一路"国家建设境外分市场或展销中心，探索和推进"市场采购贸易＋海外仓"体系建设;充分发挥义乌全球最大小商品市场和义新欧中欧班列的独特作用,为沿线广大中小微企业提供更加优良的低成本共享型贸易大平台,将其打造成浙江向西融入"一带一路"的重要战略支点。

(五)"以侨为桥",大力发挥海外浙籍新一代华侨作用

积极参与引浙出海、布局海外。浙江自古就是我国著名侨乡,世界上最早的唐人街就是南宋时浙东舶商在日本博多侨居形成的大唐街。如今浙籍海外华侨华人、港澳同胞超 200 万人,其中以温州、丽水、宁波为多;他们分布在世界 180 个国家和地区,可谓遍布全球,其中超过一半在欧洲,亚洲和北美洲各占两成,南美洲、大洋洲和非洲也有少量分布;这些华人华侨大部分从事住宿和餐饮业、制造业、批发和零售业;他们在海外有社团 735 个,华文学校 87 所,华文媒体 60 家;他们融入所在国社会,海外侨领、参政人士、专业人士日益增多。华人华侨是对外开放的排头兵。改革开放以来,仅海外侨胞和港澳同胞投资创办的企业就占我国外企总数约 70％,投资额占我国实际利用外资约 60％,捐助善款高达 900 多亿元人民币。全球华商总资产已超过 4 万亿美元。

在浙江,全省共有侨资企业 2.11 万余家,为家乡经济社会建设做出了巨大贡献。华人华侨也是"一带一路"的生力军,在牵线搭桥、资金融通、法律援助、防范风险和提供高端专业人才等方面具有不可替代的优势,许多海外华文媒体讲好中国故事,宣传中国企业,成为增进国家间互信、解疑释惑的好帮手。海外侨胞和华人社团有丰富的人脉资源和社会关系,在协调沟通中发挥良好的桥梁和纽带作用,是中外文化交流的友好使者。以侨为桥,积极引导浙籍侨胞参与浙江接轨"一带一路",大有可为。

（六）讲好"浙江故事"，提供中国创新发展实践的"浙江样板"

注重价值观和新理念传播，提供中国创新发展实践的"浙江样板"。习近平同志主政浙江期间，提出了"八八战略"的重大部署，实施了平安浙江、法治浙江、文化大省、生态省建设等一系列重大举措，推动浙江各项事业发展取得了巨大成就。

习主席在省域层面对中国特色社会主义的理论创新和实践探索成果，如今许多上升到国家层面，为治国理政、创新发展提供了"浙江样板"。由中国社会科学院与中共浙江省委合作组织编写出版的《中国梦与浙江实践》丛书，分总报告卷、经济卷、政治卷、文化卷、社会卷、生态卷和党建卷7卷，从历史大视野和发展大趋势的角度，全景式、立体式地揭示了浙江通过实施"八八战略"取得的发展经验，堪称是实现中国梦的浙江实践的最新总结。"绿水青山就是金山银山"等许多新思想、新理念、新理论，已经写入党的十九大习近平新时代中国特色社会主义思想体系中，大量生动的探索实践、成功案例就是"中国故事""浙江故事"的典型素材，可结合开放包容、多元共生、和而不同、共建共享、互利共赢、共同繁荣的新发展观、新文明观和人类命运共同体思想，通过文化提升、艺术创作、形象包装和现代传媒，把这些故事讲给全世界听，传播到"一带一路"沿线国家和地区，推动民心相通，筑牢合作基础。

第二节　浙江融入"一带一路"建设的对策

（一）突出浙江融入"一带一路"的关键点

蓝色文明孕育了浙江深层的战略地位。浙江自古是我国对外开放的门户与前沿，浙东古越族人在海上丝绸之路、尤其在东亚地中海（环中日韩）航线乃至南太航路开拓中居功至伟。

浙江地处欧亚大陆东部漫长海岸线的中间点,是西太平洋北方航线(东北亚航线)和南方航线(南洋西洋航线)的交接点。浙江在蓝色文明及海洋时代的战略地位显著。

环杭州湾是"一带一路"建设与长江经济带交汇的战略关键点。长江经济带是我国今后15年经济增长潜力最大的地区,可成为世界可开发规模最大、影响范围最广的内河经济带。而长三角正是长江经济带这条巨龙的"龙头",环杭州湾则无疑是巨龙的"龙眼"。其中宁波不仅是古代中国海上丝绸之路的始发港之一,宁波—舟山港更是全球最大的综合港和首个年货物吞吐量超10亿吨港,连续11年位居世界第一,其深水岸线超过全国的五分之一。杭州湾出口处不仅已成为太平洋西岸最大的国际航运中心,伴随欧亚大陆高铁贯通与对接,更有望成为全球最大的物流中转枢纽。

突出环杭州湾战略关键点,有利于融入全球经济大循环、提升国际竞争力,有助于打造浙江面向未来跨越发展的一个整体性品牌。环杭州湾计划在2035年建成国际化、现代化、世界级大湾区,成为"一带一路"建设的浙江样板区、长三角区域创新发展的新引擎。

(二)积极争取国家资金、政策的支持

要仔细解读国家发布的相关政策,组织专门的团队,深入研究国家政策和争取国家项目资金支持,推动地方发展。要把机遇抓在手中,在项目谋划上要结合地方发展实际和国家的政策投向,做到有的放矢,把政策用好、用专。

完善与中央、省区的对接交流机制,加快与中央部委对接,争取省内重大建设项目列入国家"一带一路"总体规划。加快建立省内专项资金引导、民间资本参与,对重点项目、重点企业进行融资支持的政策体系。争取丝路基金、亚投行等机构的资

金支持。深化贸易投资便利化,推动浙江口岸与西部省市内陆口岸的通关便利。推动境外投资企业符合条件的境外资金、能源、矿产、农产品等输入国内的政策便利化。

(三)加快产业发展,深化产业合作

浙江省内各城市资源禀赋不同、产业优势可以互补,具有较大的合作空间和潜力,希望进一步创新协作方式,拓宽协作领域,进一步深化产业协作。通过互联网平台推动产品销售,实现产业梯度转移。进一步升级产业优势,为产业提档升级提供机遇。

根据浙江省发展改革委、省商务厅发布的《浙江省企业境外投资指南(2019)》,鼓励开展七大领域境外投资,引导、规范企业境外投资方向,防范和应对投资风险。七大领域分别为:"一带一路"沿线国家基础设施互联互通、国际产能合作、高新技术领域合作、服务业合作、农业对外合作、能源资源勘探和开发、境外投资平台等。希望本省企业能够遵照相关文件进行产业发展和合作。

(四)加强口岸建设,促进通关便利化

浙江是口岸大省,现有开放口岸 11 个,包括宁波、温州、嘉兴、舟山、台州 5 个水运口岸,杭州、宁波、温州、义乌、舟山 5 个空运口岸,以及持续临时开放的义乌铁路口岸。我省宁波—舟山港货物吞吐量连续多年位居全球港口第一。我省杭州航空口岸也是全国第五大空运口岸,2018 年出入境旅客 518.74 万人次。

浙江省政府 2019 年 2 月施行的《浙江省口岸管理和服务办法》对于加快浙江省口岸的建设和发展,促进贸易便利化,优化营商环境具有重要推进意义。《浙江省口岸管理和服务办法》融入了"最多跑一次""数字浙江"的要求,并考虑到了 G20

杭州峰会之后,浙江省重要国际会议、重大国际赛事、大型国际展览等重大活动激增的通关保障因素。

在人员通关方面,浙江省需大力推进数字口岸的建设,全面推进自主查验通道。2018年全省口岸建设了27条自主查验通道,其中17条已启用,平均通过时间10秒钟。

在货物通关方面,浙江省需通过推行数字化单一窗口,统筹推进跨境通关便利化,提升通关速度。截至2018年12月,全省进出口总体通关时间分别是45.32小时和8.14小时,较2017年分别压缩了78.94%和66.37%。

在交通工具通关方面,浙江省需全面推广由海事部门牵头,边检、海关等共同参与的国际航行船舶联合登临检查,口岸检查时间目前为45分钟,已有大幅度缩减。

(五)推动浙江自由贸易试验区建设

2019年12月上旬浙江省政府批复同意设立杭州、宁波、温州、嘉兴、金华、台州等6个中国(浙江)自由贸易试验区联动创新区(以下简称联动创新区),此次获批的6个联动创新区均设置在浙江省开放程度高、体制机制活、带动作用强的区域进行建设,将重点依托省级以上经济(技术)开发区、高新技术产业园区、海关特殊监管区等各类经济功能区,充分利用自贸试验区开放平台优势,推进自贸试验区与重点平台优势叠加、联动创新、协同发展,带动全省共享自贸试验区改革红利,培育一批改革创新排头兵、对外开放新高地和区域发展增长极,发展更高层次开放型经济。

下一步,根据省政府批复文件要求,省自贸办将会同有关地市、省级部门抓紧制订出台联动创新区总体方案,把复制推广全国自由贸易试验区改革创新经验作为首要任务,重点复制推广政府职能转变、投资管理、贸易便利化、金融创新与开放、综合监管等领域的制度创新成果。充分发挥联动创新区自身特色优势,围绕数字经济、民营经济、智能制造、小商品贸易等领域,探索形成一批具有代表性、体现浙江特色的改革创新经验。强化浙江自贸试验区与联动创新区的改革联动、协同创新,争取形成一批首创性、差别化的改革创新成果。

(六)深化人文交流,促进民心相通

"民心相通"是"一带一路"的愿景之一,也是"一带一路"建设的重要路径,而要促进"民心相通",就需要加强文化交流、文明融合。

可以通过与相关国家互办文化年、旅游年、艺术节、电影节、电视周、图书展等吸引沿线国家居民和学者主动来华考察访问、旅游观光、学术交流,同时以完善的制度框架推动并保障沿线国家民众对浙江省的考察、访问、交流、旅游、学习等活动。

坚持精耕细作。在推进沿线国家民生项目时,更应该深入调研,因地制宜地推出有利于增进沿线国家民众福祉的项目。不同国家和地区对教育培训、就业创收、公共卫生、医疗保障等需求不同,匹配当地需求是首要考虑。要走进民众生活,采用当地语言、本土方式,增进信任感,选择合适的进入方式,分步骤、分阶段合作,以求更有实效。

坚持增进民众获得感。周期长的基础设施建设迫切需要轻资产项目(如学校、医院、技能、标准、服务等),以发挥润滑剂和黏合剂的作用。我国境外项目投资除了要关切政府间合作,也要与民间紧密结合,在民生项目上不追求"大而全",而要追求"小而精"。建议对投资成本低,收效长远,能实现民心相通的教育医疗等领域,开辟专门渠道,设定投资比重。

坚持生态底线。坚持建设绿色"一带一路",将"绿水青山就是金山银山"的发展理念传递到全世界。目前,"一带一路"

涉及的环境和社会事项,只是由各企业在项目层面执行,在国家层面并没有系统性的协调和管理机制。建议研究出台绿色"一带一路"评估体系,让"走出去"企业的生态责任行为有据可循、有章可依。

坚持人脉联通。持续做好人脉工作,充分利用华人华侨群体、外国留学生群体、孔子学院学生、沿线国家党政青年、公益社会团体成员等资源,建立国别青年人脉信息库,积极累积沿线国家青年交流后备人才。

坚持适度宣传。建议出台相关办法,鼓励国家高端智库及培育单位在海外主流媒体定期发声,有理有据、精准有力、契合时势地阐释"一带一路"的深刻内涵、重要现实意义和取得的实效,让丝路精神深入人心。

（七）大力培养"一带一路"专业人才

从"一带一路"建设的人才需求来看,语言、财务管理、法律、教育、金融、文化产业、土木工程、旅游管理、电子商务、现代物流等10类人才比较紧缺。根据浙江省人才建设面临着的培养结构单一、国际化水平不高、与沿线国家的人才交流互动不足等问题,提出如下5点建议:

第一,研究出台有针对性的囊括人才培养、需求对接、人才交流等方面的专项规划;完善保障人才建设相关机制。

第二,推动高校、智库、企业积极参与,培养复合型人才。引导高校合理设置学科专业和研究机构,支持智库调研沿线国家所需人才,研究目前国内人才培养的对策;促使"走出去"企业更加关注人才建设和管理,并与高校深度对接,提高人才需求匹配度。

第三,加强与沿线国家人才建设的交流互动,联合开展人才培养和培训工作。借鉴新加坡、印度等沿线国家在人才建设方面的经验和优势,吸引海外优秀人才机构来指导;同时帮助沿线国家培养人才。

第四,充分发挥华人华侨和留学生作用,利用好孔子学院等海外人才培养平台。设立"一带一路"留学基金,鼓励浙江省与沿线国家间的留学生互换。

第五,丰富和完善"一带一路"人才专题库,建立人才建设大数据监测和分析服务体系。通过大数据分析手段及时掌握"一带一路"人才供需情况。

第三节　浙江 11 个市融入"一带一路"的脚步

为深入贯彻习近平总书记为推进"一带一路"建设的重要讲话,认真落实中央和省委省政府决策部署,在实施《推动共建丝绸之路经济带和 21 世纪海上丝绸之路的愿景与行动》《标准联通"一带一路"行动计划(2018—2020)》以及文化和旅游部、科技部等部门发布的行动计划基础上,浙江省为高质量推进"一带一路"建设,共绘"工笔画",打造"大枢纽",先后印发《关于以"一带一路"建设为统领构建全面开放新格局的意见》《浙江省标准联通共建"一带一路"行动计划(2018—2020 年)》和《浙江省打造"一带一路"枢纽行动计划》。

浙江省在对"一带一路"建设总体布局和全面提升"一带一路"枢纽功能总体要求上,将聚焦提高浙江省与"一带一路"沿线国家和地区标准体系兼容水平,建立健全具有浙江特色的"一带一路"建设标准化推进体系,着力发挥标准联通在"一带一路"建设中的基础性、战略性作用,提出"推动十大领域合作、实施三大提升行动、构建三个支撑平台"的重点任务,助力浙江省构建以"一带一路"为统领的全面开放新格局。

浙江省 11 个市在中央和省委省政府的指导下,不断积极推进"一带一路"建设,明确各自建设重点,完成计划任务。

(一)杭州

杭州市认真贯彻落实国家、省"一带一路"倡议部署,根据《浙江省人民政府办公厅关于深化产教融合的实施意见》,出台《杭州市人民政府办公厅关于深化产教融合的实施意见》,支持学校携手企业开展"一带一路"教育合作,建设一批"丝路学院",输出职教标准和职教资源。同时在《中共浙江省委人才工作领导小组办公室浙江省人力资源和社会保障厅浙江省财政厅关于高水平打造高技能人才队伍的意见》(浙人社发〔2017〕139号)文件精神下,加强"名城工匠"培养生态建设。开展"一带一路"沿线国家、"金砖国家"间技能人才培养、交流合作等。

杭州市根据各项实施意见和计划,抓住政策机遇,与沿线国家的经贸往来日益频繁。2019年对"一带一路"沿线国家出口1177亿元,占出口总额32.6%。服务贸易出口124.9亿美元,增长19.0%。全年跨境电商进出口总额952.1亿元,增长28.8%,其中出口658.8亿元,进口293.3亿元,分别增长26.4%和34.6%。2018年,杭州市共有56个项目投资于"一带一路"沿线国家,总投资10.74亿美元,其中中方协议出资达8.94亿美元。

杭州企业在共建经贸合作园区走在全国前列。早在2005年,华立集团和泰国安美德集团就合作开发了泰中罗勇工业园,其发展至今已成为中国产业在泰国乃至东盟最大的集群中心和制造业出口基地。该园区是中国首批境外经济贸易合作区之一,截至2019年3月已成功吸引120家企业入驻,带动中国对泰投资超35亿美元,累计实现工业总值超120亿美元,为泰国当地解决就业3.2万人。这种合作园的形式正成为国际产能合作的重要突破口。除泰中罗勇工业园外,目前杭州还有

4 个省级境外合作区,其中在"一带一路"沿线布局的有 2 个,分别为文莱大摩拉岛石油炼化工业园和中柬国际农业合作示范园区。这些园区已成为推动杭州市、浙江省企业"走出去"的重要抓手。从而形成一支涵盖科技研发、加工制造、农业产业等门类较为齐全的境外园区队伍,推动杭州市企业的产业链、价值链向"一带一路"沿线转移、布局。杭州产业链拓展到"一带一路"沿线国家,主要围绕新基建(城市大脑、5G十、数据中心等)、人工智能、智能安防、信息安全、工业互联网、金融科技、跨境电商等领域的项目。

此外,数字经济正给全球中小企业和创业者带来全新可能,除阿里巴巴外,吉利、华立、恒逸、富通等"杭州身影"也纷纷积极参与"一带一路"建设、与沿线国家深入合作的多元实践。

(二)宁波

宁波市认真贯彻落实国家、省"一带一路"倡议部署,根据《浙江省人民政府关于设立宁波"一带一路"建设综合试验区的批复》(浙政函〔2017〕97 号)精神,发布《宁波"一带一路"建设综合试验区总体方案》认真组织实施。在《16+1 经贸合作示范区建设实施方案》下,宁波设立首个"16+1"经贸合作示范区(以下简称"示范区"),提出了"3362"总体框架。提出未来三年,宁波将重点建设好中国中东欧国家投资贸易博览会、中国中东欧国家贸易便利化检验检疫试验区、索非亚中国文化中心三大国家级平台,实施贸易促进、投资合作、机制合作、互联互通、公共服务、人文交流"六大示范工程",完成提升贸易便利化水平、推进中东欧商品分销体系建设、提升中东欧特色商品常年馆运营水平、建设数字"16+1"经贸促进中心和中东欧青年创业创新中心等 20 项重点工作,努力将宁波打造成为中东欧商品进入中国市场的首选之地、中国与中东欧国家双向投资合作的首选之地、中国与中东欧国家人文交流的首选之地。

宁波市根据各项实施意见和计划，抓住政策机遇，与沿线国家的经贸往来日益频繁。2019 年对"一带一路"沿线 65 国进出口额 2633.6 亿元，增长 17.0%，其中对中东欧 17 国进出口额 284.8 亿元，增长 8.4%。宁波市与"一带一路"沿线开展投资合作的国家增加到 42 个。

宁波是全国首个"一带一路"建设综合试验区，为承担起"一带一路"建设探路的重任。通过高起点谋划、高质量实施，聚焦重点工程、狠抓工程项目，"一带一路"建设成绩斐然。

宁波积极搭建走出去综合信息平台，建立"一带一路"沿线国家制度、政策等信息数据库，为企业提供相关国家的重点产业、基础设施、投资优惠政策等各类信息，并为企业提供有深度、有针对性的相关行业投资可行性分析报告等；宁波市相关部门还多次组织民营企业家到"一带一路"沿线国家进行商务考察，鼓励智库加强对民营企业走出去案例的研究，建立投资风险防范案例库。

民心相通作为"五通"的重要突破口，宁波正积极推动与"一带一路"沿线国家的人文交流，搭建民心相通的大舞台，传播宁波印象，讲好宁波故事，打响宁波城市品牌。通过建立捷克和波兰语言中心、拉脱维亚研究中心等教育合作平台，进一步夯实对"一带一路"相关国家教育与文化的交流与合作。通过组建全国首个"一带一路"产教协同联盟和全国首个丝路商学院联盟，举办 16＋1 中小企业合作官员研修班，进一步向"一带一路"沿线国家宣扬宁波商帮文化，让宁波故事远播海外。

宁波作为海上丝绸之路重要节点城市和"活化石"城市，把与中东欧 16 国全面合作作为积极融入"一带一路"建设的重要突破口，自 2014 年以来成功承办了三次中国—中东欧国家经贸促进部长级会议、四届中国—中东欧国家投资贸易博览会，取得了许多重要成果。作为 16＋1 经贸合作示范区和中国—中东欧国家贸易便利化检验检疫试验区，宁波与中东欧国家的合作遍地开花，已经成为全国 16＋1 合作不可复制的标杆性示范区。

2018 年，宁波与"一带一路"沿线市场货物贸易收支总额、服务贸易涉外收支总额同比增幅均高于全国、全省平均水平，"一带一路"沿线国家（地区）成为宁波企业抱团走出去的重要目的地。宁波通过发挥民营企业发达、制造业基础雄厚等优势，做实做强本土传统优势产业，进一步向"一带一路"沿线国家推出宁波的优质产品，打出宁波品牌。

宁波企业"走出去"的主要案例有：浙江满洋船务工程有限公司承建马来西亚槟城港码头项目；百隆东方在越南的纺纱基地年产能已达 50 万锭；宁波奥崎仪表成套设备有限公司生产的温度传感器，应用于印度莎圣电厂与马来西亚巴林基安电厂；宁波中江高强螺栓有限公司生产的紧固件，用于援助约旦供水网改造工程二期项目建设，改善鲁萨伊法市居民的供水条件；乌克兰、泰国等地的农业种植户，则正使用宁波三江益农化学有限公司生产的多款环保型农药；作为亚洲铝制直升机起降平台最大供应商的摩林铝业，正将自身的优势产品输出至马来西亚等多个"一带一路"沿线国家，并打造自己的售后服务团队；宁波鑫海爱多汽车雨刷制造有限公司则从中东地区起步，逐渐形成了以国外市场为主的产品销售格局，在 50 多个国家注册了"AIDUO"这一自主品牌；宁波科曼电子科技有限公司带着技术赴越南设厂，生产的智能家居系统组合产品出口东盟成员国，享受税费减免政策，提升了市场竞争力。

（三）温州

温州市认真贯彻落实国家、省"一带一路"倡议部署，根据

《政府"两强三提高"建设行动计划（2018—2022 年）》，以"一带一路"为统领，以创新为第一动力，围绕全省大湾区、大花园、大通道、大都市区建设和我市十大重点领域改革，打赢三大攻坚战、乡村振兴战略、数字经济发展、现代化经济体系建设、国家自主创新示范区建设等重大任务，高质量制定战略、规划、规章、政策等。2020 年国务院批复设立温州综合保税区。温州将充分发挥区位优势和政策优势，开展保税加工、保税物流、保税服务等业务，重点发展现代物流业、先进制造业、战略性新兴产业、新型保税服务业等行业项目，建设外向型重点项目聚集区，打造对外开放新高地的桥头堡，为温州高水平开放、高质量发展提供强有力的开放平台支撑。

温州市根据各项实施意见和计划，抓住政策机遇，与沿线国家的经贸往来日益频繁。2019 年对"一带一路"沿线国家出口 721.3 亿元，同比增长 52.0％。在"一带一路"沿线建成俄罗斯、越南、乌兹别克斯坦 3 个国家级境外经贸合作区，塞尔维亚、乌兹别克斯坦 2 个省级境外经贸合作区。全市境外投资中方投资总额达 7.5 亿美元，新批境外投资项目 38 个，其中"一带一路"沿线国家投资 6.9 亿美元，占全部境外投资比重 92.2％。目前，温州已在"一带一路"沿线国家建设 6 个境外园区，是全国拥有国家级境外园区最多的地级市；入区企业已达 238 家，带动当地税收约 1.73 亿美元。

根据温州市政府统计，目前有 38 万温州人分布在"一带一路"沿线 57 个国家和地区。温企"走出去"的典型很多，例如德力西、青山钢铁、正泰集团和泰昌集团。早在 2001 年，温企德力西响应西部大开发的号召拉开投资新疆的序曲，成立了德新交运，如今在这块热土上，他们已成为"一带一路"的运输巨头。目前，德新交运拥有各类营运车辆近 500 辆，国内客运班线 112

条、国际客运班线 11 条,年客运量近 500 万人次,货运量 1.2 万吨,平均日发班次 115 班以上。2017 年 1 月 5 日,德新交运在上交所上市,成为"一带一路"沿线企业发展的成功典范。

青山钢铁为了方便员工和客商进出青山工业园,投资兴建了园区机场。该机场位于印尼中苏拉威西省莫若瓦利县,占地 124 万平方米,目前,青山钢铁在印尼已配置 4 架飞机。

正泰集团在埃及、新加坡、越南、马来西亚等国家投资并购、国际产能布局、EPC 工程总包等项目全面开花。目前,正泰已与 80%以上的"一带一路"沿线国家建立了不同程度的合作关系,布局光伏智能制造工厂、输变电设备区域工厂或是研发机构。

泰昌集团,早在 2014 年成立海外子公司。目前,已有 3 万余吨泰昌牌铁塔产品屹立在非洲大地上,为非洲十余个国家和地区的电力输送保驾护航。泰昌还在刚果首都金沙萨建设智能电表工厂,提供电表制造和安装,雇佣当地人员 50 人,年产值可达 1 亿元人民币。

除了投资办厂这样传统的投资模式外,近几年,越来越多的温州人选择了在"一带一路"发展跨境电商这样的新型商业模式。目前,温企已分别在塞尔维亚、波兰、印度、马来西亚、俄罗斯、罗马尼亚等国家建立 7 个海外仓,形成较为完善的产品展销中心、仓储物流服务和 OTO 跨境批发电商平台,辐射东南亚、南亚、中东欧等沿线国家和地区。

此外,温州市亚龙智能装备集团股份有限公司生产的教育装备深受"一带一路"国家相关院校的认可,成为各国院校专业设备的配置标准,并提供教材、师资培训一条龙服务。亚龙智能联合温州职业技术学院、柬埔寨国家技术培训学院设立了柬埔寨温职院亚龙丝路学院,携手天津市职业技术院校参与建设泰国、葡萄牙等国家的"鲁班工坊",并为东盟技能大赛提供比赛装备和技术标准。

随着"一带一路"的不断深入发展,除了输出技术和服务外,有一批温州人当起文化传播的使者,将中国故事、温州故事说给世界听。

2019年1月温州"都市书房"正式落地友好城市意大利普拉托。"都市书房"是温州"城市书房"的姊妹版、海外版,与后者的"政府主导,社会参与"不同,它是由温州侨胞自发组织筹建的。这是中国第一家开进欧洲的"书房",是中国文化"走出去"的成功范例。

此外据统计,海外温州人已在意大利、德国、希腊等"一带一路"国家创办海外华文媒体44家,并建设了70来所"温"姓海外华文学校,向世界传播中华文化,促进内外文化交流。

(四)绍兴

绍兴市认真贯彻落实国家、省"一带一路"倡议部署,根据《绍兴市深度参与"一带一路"建设行动方案(2018—2022年)》中通知,以"一带一路"建设为统领构建全面开放新格局的总体要求,以国际化为导向,全面实施开放强市战略,重点开展对外大通道建设、经贸合作跃升、国际产能合作、人文交流拓展、开放大平台构筑"五大行动",形成面向全球的贸易、投融资、生产和服务网络,加快形成全面开放新格局。

绍兴市根据各项实施意见和计划,抓住政策机遇,与沿线国家的经贸往来日益频繁。

2019年上半年浙江绍兴外贸进出口总值1097.9亿元,较去年同期增长3.1%。其中,对"一带一路"沿线国家出口432.9亿元,增长5.9%,对绍兴出口增长贡献率达99.4%。

贸易畅通方面,绍兴实施千企贸易成长计划。其中上虞伞业、诸暨服饰业、嵊州服饰领带业三个产业加快基地转型升级建设。服务贸易品牌企业形成旅游、中医药、文化等服务贸易新优势。黄酒、茶叶、珍珠、丝绸等绍兴特色产品海外市场份额明显提升。

绍兴以"抱团参展"方式在"一带一路"沿线重点国家和枢纽城市举办绍兴特色产品展,设立外贸综合服务营销中心,探索建立境外出口商品展示交易中心。积极参与中国—中东欧国际投资贸易博览会与"浙洽会""义博会"等国际性展会,举办中国柯桥国际纺织品博览会、世界布商大会等展会。

绍兴企业承建了沙特国王塔、2022年卡塔尔足球世界杯体育场等地标性项目。继续联合央企"借船"出海,拓宽境外工程承包区域。培育精工钢构、浙江诸安、中超建设等一批工程承包企业向总承包企业发展,大力发展EPC和BOT项目。

柯桥、诸暨、嵊州省级产业集群推进跨境电商试点,培育轻纺城跨境电商产业园、嵊州领带产业园建设等一批跨境电商产业园,加快仓储物流、电商人才等发展服务体系建设。

民心相通方面,绍兴通过"品质绍兴"国际新媒体传播平台建设,"一带一路国家媒体绍兴行"等活动。加快书法文化、黄酒文化、名人文化、戏曲文化等"走出去",举办兰亭书法节、中国绍兴黄酒节等节会,深化"大师对话"活动,建设"兰亭海外书法学堂",打造阳明心学研究圣地,将阳明心学为代表的"中国智慧"推向世界。积极融入中国海上丝绸之路旅游推广联盟,对接杭州世界旅游联盟总部,开展旅游国际营销,推介浙东古运河、浙东唐诗之路、鉴湖水道等国际精品游线。

绍兴文理学院、浙江越秀外国语学院与中东欧、东南亚、非洲等地院校进行交流,开设土耳其语和捷克语等小语种专业,推进留学生交流和学者互访。

（五）湖州

湖州市认真贯彻落实国家、省"一带一路"倡议部署，根据《湖州融入"一带一路"建设专题》努力把湖州打造成为浙江"一带一路"倡议枢纽的重要节点和重要引擎，让湖州成为具有国际知晓度、美誉度、影响力的标识性城市。

湖州市根据各项实施意见和计划，抓住政策机遇，与沿线国家的经贸往来日益频繁。

2019 年湖州市外贸出口额 248.4 亿元，增长 18.2%。

湖州位于长三角中心腹地，处于"一带"和"一路"交汇地带，也处于"一带一路"、长江经济带和宁湖杭生态经济发展带的交汇地带，是连接上海和中部地区、贯通长三角南北两翼的重要节点城市，具有战略交汇优势。

湖州是一座具有 2000 多年历史的江南名城，有着"一带一路"起源的历史印迹，钱山漾遗址被命名为"世界丝绸之源"，湖州也被称为丝路起点。湖州丝绸还摘得英国伦敦首届世博会金银两项大奖，具有享誉全球的识别度。湖州还是中国蚕丝文化、茶文化、湖笔文化的发祥地之一。湖丝、湖笔、湖学是湖州文化三张名片，使湖州文化魅力风采走向沿线国家乃至世界。湖州是习近平总书记"绿水青山就是金山银山"重要思想的诞生地、中国美丽乡村的发源地、"生态＋"绿色发展的先行地，是国家生态市和全国生态文明先行示范区。

湖州在全省率先成立"一带一路"法律服务中心和涉外法律服务团，建立"一带一路"法律服务平台，为政府制定对接"一带一路"政策措施提供法律意见，提高决策水平。同时积极为企业对外投资贸易等提供公证服务，帮助企业了解国际法律规则和外国政策法律，引导企业优化组织架构和经营管理体系，坚定企业"走出去"信心。

在贸易互通方面,湖州拥有庞大湖商企业家群体,在外投资湖商企业就达 7000 多家,总资产 1.2 万亿元。特别是越来越多的湖州企业踊跃投身"一带一路"建设,各类投资已涉及沿线 20 多个国家和地区。

2017 年以来,湖州南浔经济开发区的沃克斯电梯(中国)有限公司出口"一带一路"沿线国家电梯台量近 4000 台,出口额超 3 亿元,同比增长 22.45%。"一带一路"沿线国家成了湖州电梯企业发展新蓝海。

湖州企业中超威动力在俄罗斯设立研发机构,主要从事电池贸易的众缘贸易;祥和再生资源分别在印度和巴基斯坦设立生产基地,经营铅回收再利用;菁阗进出口并购印度一家销售公司,从事电动车销售等。

(六)嘉兴

嘉兴市认真贯彻落实国家、省"一带一路"倡议部署,根据《嘉兴市推进"一带一路"建设行动方案》,提出到 2022 年,嘉兴将通过实施对外通道建设、国际平台提升、国际贸易促进、人文交流拓展和品质城市提升五大行动,确立"一带一路"枢纽重要节点城市地位。

嘉兴市根据各项实施意见和计划,抓住政策机遇,与沿线国家的经贸往来日益频繁。2019 年,嘉兴市进出口总值 2832.15亿元,比上年增长 0.4%,其中出口总值 2106.46 亿元,增长 4.4%,进口总值 725.69 亿元,下降 9.7%。嘉兴市新批外商投资项目 339 个;合同利用外资 72.59 亿美元,比上年增长13.7%;实际利用外资 41.25 亿美元,增长 31.4%。

嘉兴依托重要海港、航空港、铁路枢纽以及自由贸易区,布局建设一批班列中转、物流集散、加工制造、展示展销等多功能的海外服务站。嘉兴军民合用机场构建通达"一带一路"沿线国家和地区的航空运输网络。嘉兴港与上海港、宁波舟山港合作,参与世界级港口集群建设。加密与"一带一路"沿线国家港口间的航线。嘉兴加入"义新欧"物流联盟,建立与中欧班列、中亚班列沿途口岸海关常态化联系配合机制,服务"一带一路"建设智慧物流平台。

在嘉兴国际园区建设方面,嘉善埃塞俄比亚工业园区、卡森柬埔寨登豪经济特区列入省级境外经贸合作区计划培育名单。嘉兴科技城等建设省级国际科技合作基地、清华长三角研究院海纳孵化器、浙江中科院应用技术研究院共建中俄科技产业孵化园以及中电科欧洲创新园。此外,嘉兴综合保税区等海关特殊监管区推动企业通过自营或海外合作等模式设立海外仓,搭建配送辐射网点,融入境外零售体系。

嘉兴通过参与中国—中东欧国际投资贸易博览会和"浙洽会""义博会"等展会,鼓励企业参与"浙江名品"店铺进国际机场和国际中心城市推广工程,提升嘉兴品牌影响力。积极承接上海进口商品博览会的溢出效应。发挥巨石集团、振石集团等企业的带动作用,以及华友钴业印尼矿业项目、卡森集团印尼工业园项目和景兴纸业马来西亚废纸利用项目等,是全市推进"一带一路"建设的成果。

嘉兴积极融入中国海上丝绸之路旅游推广联盟,支持企业参加国际海岛旅游博览会、国际乡村旅游大会和中国国际旅游交易会。对接杭州世界旅游联盟总部,做好江南水乡古镇产品、滨海旅游产品以及嘉兴特色的红色旅游产品的展示与宣传,促进旅游国际营销。

嘉兴发挥乌镇世界互联网大会会址的国际合作效应,依托"一带一路"数字经济国际合作倡议,推进互联网金融、数字经济发展、网络空间治理等方面的合作。建设中外政党研究交流中心,打造世界政党交流基地、多党合作示范城市。持续推进"中欧城镇化伙伴关系示范区"建设。开展平湖"德国日"、海宁"法国日"等国别日活动。打造嘉兴漫画国际文化节、乌镇国际戏剧节等品牌。支持海宁影视基地加入"丝路电视国际合作共同体"和"影视文化进出口企业协作体"等组织,向"一带一路"沿线国家输出更多影视作品。嘉兴参与"万家海外中餐馆·同讲中国好故事"活动,申报华侨国际文化交流基地建设。

同时在国际教育方面,嘉兴浙江大学国际联合学院(海宁校区)为"一带一路"沿线国家培养新金融、新零售、新产业等领域的专业人才。支持嘉兴学院、同济大学浙江学院、嘉兴职业技术学院、南洋职业技术学院等与"一带一路"沿线国家开展合作办学,提升办学水平。支持中英"一带一路"技能服务平台等国际科技教育合作平台、国际实践基地建设。开展"一带一路"中小学师生互访交流活动,分享教育经验,增进国际友谊。组织"海外学子嘉兴行"活动和"海外华裔青少年夏令营",讲好嘉兴故事。

(七)金华

金华市认真贯彻落实国家、省"一带一路"倡议部署,根据《金华市对接"一带一路"倡议三年行动计划》,充分发挥金华在全球轻工、日用小商品生产和国际采购等方面的优势地位,扩大双边进出口国际贸易,用好用足"义乌"品牌,打造"世界小商品之都",建设面向"一带一路"沿线国家的国际贸易核心地区,争当国内与"一带一路"沿线国家的贸易引领者。

金华市根据各项实施意见和计划,抓住政策机遇,与沿线国家的经贸往来日益频繁。2019 年 1—8 月,金华市对"一带一路"沿线国家出口 1128.4 亿元,居全省第一。此外,金华海关为我市外贸出口"一带一路"沿线国家签发各类原产地证书 3.6

万份,涉及货值 13.3 亿美元,同比分别上涨 6.0％和 4.6％。

自 2011 年国务院批准金华义乌开展国际贸易综合改革试点以来,金华市国际贸易的年均增长率达到 20％以上。同时,抢抓国家跨境电子商务服务试点机遇,大力发展跨境电商,"海外仓"数量全省第一,跨境电商零售出口占全省 50％以上,每天跨境通关的邮包达到 20 多万票。

金华以"一带一路"为统领,合力共建陆上、海上、网上"三大通道"。第一条通道是以义新欧班列为主干线的陆上大通道,在捷克、西班牙等沿线国家建立捷克站和海外仓,在义乌建欧洲商品城,把沿线的商品带回到金华。第二条通道是以义甬舟为主体的海上大通道。第三条通道是以跨境电商为主力的网上大通道。

金华市重点支持红狮集团在印尼等东南亚国家建设水泥生产项目,支持众泰汽车在俄罗斯建设组装生产基地,支持今飞轮毂等重点企业在印度等"一带一路"地区布局生产基地。充分利用金轮机电公司的联合国国际小水电中心水电设备制造基地的优势,在"一带一路"沿线国家承建更多的水电站项目。推进现代农业国际合作,加强与东南亚、中亚地区国家,以及以色列、俄罗斯等在种植加工领域及农业产业园区的合作。支持中天建设、东阳三建等建筑企业拓展"一带一路"沿线国家的房屋、道路工程建设。

金华市充分利用"一带一路"沿线国家的资源能源优势。重点在东南亚、中亚国家引进原木、肉制品、花卉苗木、棉花等农林资源,中西亚、俄罗斯等国的金属材料、能源等。鼓励企业加强与资源能源较丰富国家和地区的联系合作,助推金华经济发展。

金华市加强与"一带一路"沿线国家商会的合作,支持有条件的地方组建境外金华商会,发挥金华在"一带一路"沿线国家的侨务资源优势,推进"一带一路"建设。继续深入实施"海外名校学子走进金华古村落"项目,讲好金华故事。办好丝路城市国际化论坛、中非民间论坛、中国西亚—北非论坛等,推进义乌丝路新区建设。拓展与非洲国家的经贸合作,推进"一带一路"倡议延伸到非洲。

金华市依托中国国际旅游交易会等平台,积极对外推介"黄大仙""小商品""横莱坞"等金华特色旅游资源。发挥德隆电视台作用,推动在中亚等地区的文化旅游宣传合作。

(八)衢州

衢州市认真贯彻落实国家、省"一带一路"倡议部署,召开第二届"一带一路"国际经贸合作(中国·衢州)大花园论坛、2019中国·衢州国际投资说明会、2019"一带一路"衢州数字经济发展论坛等活动,为衢州及周边地区加快融入"一带一路"建设、扩大国际经贸合作提供新平台。

衢州市根据各项实施意见和计划,抓住政策机遇,与沿线国家的经贸往来日益频繁。2019年实现进出口总额347.83亿元,比上年下降0.8%。其中:出口239.61亿元,增长3.3%;进口108.22亿元,下降8.9%。全市有出口实绩的企业943家,比上年增加29家。2019年新批外商投资企业17家,合同利用外资11.94亿美元,比上年增长259.7%;实际利用外资0.78亿美元,增长4.7%。

衢州素有"四省通衢、五路总头"之称,历史上便是海上丝绸之路的重要节点。50多家衢州本地企业走出国门开拓市场。越来越开放、越来越国际化的衢州正从"四省通衢"逐步走向"衢通世界"。衢州市"一带一路"商贸合作平台(南南合作)、浙江开山压缩机股份有限公司投资印尼地热项目和龙游新丝带商贸公司建设哥伦比亚公共海外仓项目等三项工作,列入浙江省"一带一路"建设成果清单。连续三年推出"全球免费游衢州"活动,2018年共接待国内外游客7454万人次,实现旅游总收入532亿元。衢州还以开放的姿态推进产业创新,大力发展数字经济、智慧产业,阿里、华为等全球领军企业先后与衢州签署战略合作协议,开展全方位深层次合作。

"一带一路"(中国衢州)国际经贸论坛这个项目平台,成为衢州对外开放的桥头堡,成为各国展示国家形象、开展国际交流与合作的良好平台,成为各国打开衢州和浙闽赣皖四省市场的重要通道。

位于衢时代创新大厦的衢州国际经贸中心是衢州开放的重要地标,已入驻韩国、斐济、委内瑞拉、哥伦比亚、印度尼西亚、瑞士、古巴、巴基斯坦、俄罗斯、埃塞俄比亚、希腊、汤加、伊朗、斯洛伐克、斯里兰卡、泰国等36个国家的展示馆、展览馆,分别展示各国经济、文化、自然资源、投资环境等内容,是各国整体形象的缩影。

(九)台州

台州市认真贯彻落实国家、省"一带一路"倡议部署,根据《关于深度参与"一带一路"建设 着力构建高水平开放新格局的意见》《台州市对接"一带一路"倡议加快海上大通道建设的实施意见》等一系列配套政策文件,在港口物流、产能合作、金融服务、人文科教等多领域合作都取得了丰硕的成果。

台州市根据各项实施意见和计划,抓住政策机遇,与沿线国家的经贸往来日益频繁。2019年对"一带一路"沿线国家出口582.82亿元,比上年增长7.9%。全年有进出口实绩企业6592家,其中有出口实绩企业6232家。全市进口国家和地区为225个,出口国家和地区为221个。2019年新批外商投资项目 78 个,总投资 12.67 亿美元,比上年增长 54.4%,合同利用外资 14.91 亿美元,增长 195.1%,实际利用外资 6.51 亿美元,增长 125.4%。

台州是古代"海上丝绸之路"东线的发祥地之一,也是"海上丝路"的喂给港、补给港、避风港和重要的贸易口岸、造船基地。如今,在"一带一路"倡议中,台州再次迎来了千载难逢的发展机遇。台州港积极融入借力升级,以"台台直航""弃陆走水""拥湾经济"三位一体构建"海上丝路港城"。依托"台台直航",深化浙台(玉环)经贸合作区,打造"浙台海上走廊"。主动融入长三角港口物流体系和通关一体化,启动国际集装箱"弃陆走水",累计实现"弃陆走水"箱量 14556TEU,涉及吉利汽车、钱江摩托等货物出口,面向俄罗斯、印尼及非洲诸国,承接"一带一路"航线辐射和功能外溢,丰富台州港进口货物。台州湾循环经济产业集聚,"拥湾经济"显示签约项目 50 个,协议投资额约 200 亿元,其中世界 500 强央企 4 家、上市企业 2 家。扩大适用"属地申报、属地放行"通关模式,增加凭"信用认证"享受差别化通关待遇。

台州是长三角地区重要的制造业基地,已形成 34 个行业大类、170 多个行业种类的产业体系。拥有 20 多个百亿规模以上的块状经济,36 个特色产业集群,拥有"医药产业国家新型工业化产业示范基地""国家汽车零部件出口基地""中国缝制设备之都""中国模具之乡"等 50 多个国家级产业基地称号,70 多个产品在细分领域国内外市场占有率第一。机电、家具、医药化工、高新技术产品、汽摩配等"台州制造"产品在"一带一路"沿线国家广受欢迎,年出口额超过 10 亿元的国家就有 14 个。

台州加快海外并购速度。联华科技 8.94 亿元收购英国邦德公司控股公司、仙琚制药 1.1 亿欧元收购意大利纽凯姆和艾菲凯姆两家公司、吉利集团收购马来西亚宝腾汽车部分股权和莲花汽车部分股权等并购案层出不穷,联华科技、仙琚制药、天成科技入选 2017 浙江十大跨国并购案例。星星冷链、杰克缝纫机、苏泊尔被评为浙江省 10 家外商投资企业知识产权保护风范企业。以台州健康产业为代表的台州医药企业纷纷走出国门,产品远销 120 多个国家和地区,多项产品产量居世界第一。目前台州至少有 8 家农业企业"走出去"建立基地,涉及俄罗斯、老挝、泰国、毛里塔尼亚等多个国家。

台州深入国际科技合作,设立台州国际技术转移德国中心、以色列中心等国际科技合作机制,并通过德国中心成功邀请了德国机械制造领域的知名专家来台州举办"德国先进制造技术创新讲座"等系列活动。

(十)丽水

丽水市认真贯彻落实国家、省"一带一路"倡议部署,根据《丽水市对接"一带一路"战略三年行动计划(2018—2020 年)》,重点围绕青田华侨经济文化试验区创建和"海上丝绸之路"保护与申报世界文化遗产等核心任务,扎实推进各项工作,取得积极成效。

丽水市根据各项实施意见和计划,抓住政策机遇,与沿线国家的经贸往来日益频繁。2019 年对"一带一路"沿线主要国家出口额 102.3 亿元,增长 16.2%。新设外商直接投资项目额 29 个,与上年持平;合同外资额 2.86 亿美元,比上年下降 3.4%;实际利用外资额 1.21 亿美元,增长 13.0%。

丽水,作为长三角和海西区的交集地,优秀的自然环境,可谓"浙江家门口的中东欧"。身为整个浙江的生态屏障,丽水可复制中东欧的酒庄游、极限运动游、蜜月婚礼游等旅游项目。文化游是丽水扩展"一带一路"沿线国家文化交流的重头戏,还有龙泉青瓷、龙泉宝剑、青田石雕、景宁畲艺坊、龙泉御泥堂和语如青瓷工作室等等文化珍宝。

丽水的生态经济突出。其中富来森中竹科技 2018 年动作频频,赴美国纳斯达克上市,开始批量生产附加值极高的超级电容炭,成为丽水生态经济腾飞的风向标之一。缙云县东亿磁业的吸尘器和多迪斯泰保健器材的按摩椅成为消博会上的"抢手货"。在这两家公司,丽水生态经济握有自主知识产权。

丽水青田华侨经济文化试验区是全省"一带一路"十大标志性工程之一,是丽水市融入"一带一路"建设的桥头堡。青田华侨经济文化试验区建设以产业为基础、文化为灵魂、平台为抓手,充分发挥青田县 33 万华侨分布在 120 多个国家和地区的优势,把广大华侨融入"一带一路"建设。目前谋划有侨乡进口商品城、世界红酒咖啡品牌中心、欧陆风情体验区、华侨创业创新基地等"引进来"平台和石雕文化产业基地、欧洲国际产业合作园、华侨国际文化交流平台、华文教育合作示范区等"双向互动"平台。现侨乡进口商品城已初具雏形,引进侨资企业 183 家,3 年来每年营业额都翻番增长。

丽水市设立了"丽水丝路产业投资基金";龙泉"海上丝绸之路"申遗"八大项目"陆续竣工,大窑龙泉窑考古遗址公园成功入选第三批国家考古遗址公园并于 2018 年 10 月正式开园;成功举办了第十一届中国陶瓷艺术大展、青田石雕"一带一路"大型巡展(杭州站)、青田石雕文化节和首届世界华侨进口商品博览会暨青田进口葡萄酒交易会等。

(十一)舟山

舟山市认真贯彻落实国家、省"一带一路"倡议部署,根据浙江省提出"5211"海洋强省行动,统筹推进浙江海洋经济发展示范区、舟山群岛新区、舟山江海联运服务中心、中国(浙江)自由贸易试验区和义甬舟开放大通道建设等"五大战略"。舟山凭借着得天独厚的深水良港和航道资源,联通世界。浙江舟山群岛新区是国务院批准的中国首个以海洋经济为主题的国家战略层面新区。同时根据 2017 年国务院批复,作为对接"一带一路"和长江经济带的重大战略,中国(浙江)自由贸易试验区正式挂牌成立,落地舟山。舟山以油品为核心的大宗商品全球配置能力显著提升,对接国际标准建成自由贸易港区先行区。

舟山市根据各项实施意见和计划,抓住政策机遇,与沿线国家的经贸往来日益频繁。2019 年,舟山与 60 个沿线国家有贸易往来,进出口总值 415.87 亿元,占全市外贸进出口总额的 36.6%,同比增长 75.5%。从出口市场看,出口额超 1 亿元的国家有 14 个,其中东南亚国家为舟山"一带一路"国家最大的出口市场,出口额为 41.51 亿元,占全市出口总额的 9.8%。

舟山沈家门是古代"海上丝绸之路"的重要中转港,是我国古代对外开放港口——明州港通往高丽、日本等国的必经航道。如今,宁波舟山港地处中国大陆海岸线中部,在"丝绸之路经济带"和"21 世纪海上丝绸之路"两翼的交汇点上,具有连接东西、辐射南北、贯穿丝路两翼的优势,可有效衔接中西部广大腹地区域与"一带一路"沿线国家和地区,具有区位地理优势。且兼具海陆两大枢纽功能,成为与"21 世纪海上丝绸之路"沿线国家和地区对接最好的国内海港之一、面向"丝绸之路经济带"的港区与铁路衔接最好的国内海港之一,助力宁波舟山港成为"最佳枢纽叠加点"。宁波舟山港的自然水深条件世界少有,包括可挂靠全球最大的集装箱船、矿船、油轮的泊位多座,是中国大型和特大型深水泊位最多的港口、中国大型船舶挂靠最多的港口,为"一带一路"船舶"大型化"趋势提供了深水支撑。

舟山岙山岛是浙江自贸区的国际石油储运岛,是我国国际船用燃料油供应中心,也是我国最大的"海上加油站"。因为油价便宜、不靠泊,效率高,越来越多往来"一带一路"国家的远洋货轮来浙江舟山加油。在刚刚过去的 2019 年,这里船用燃料油供应量已经突破 400 万吨,供应规模已经连续两年全国第一,并跻身供油港口全球前 10。

　　舟山具有良好的水产资源。中国舟山水产城集活、鲜、冻、干水产品交易于一市,是面向国际的专业水产品批发市场,成为"一带一路"沿线国家水产品采购中心。

附录1　浙商商会、社团一览表

序号	浙商商会、社团名（排名不分先后）
1	意大利华侨华人贸易总会
2	英国浙江联谊会
3	西班牙华侨华人协会
4	澳大利亚浙江总会
5	柬埔寨浙江总商会
6	马来西亚浙江友好交流协会
7	美国浙江商会
8	法国华二代创业协会
9	巴西中国浙江总商会
10	南部非洲浙江商会
11	越南浙江商会
12	俄罗斯华侨华人联合会
13	新加坡浙商总会
14	日本浙江总商会
15	加拿大浙商商会
16	欧洲浙江总商会（设在匈牙利）
17	阿联酋浙江侨团联合会
18	塞尔维亚浙江省社团联合会

附录2 浙商海外投资合作项目一览表

浙江省发改委在 2019 年 6 月 8 日下午举行的浙江省推进"一带一路"建设大会上首次公布建设成果清单。

参考资料

序号	内容	成果清单
一	合作倡议	(一)发布海上丝路指数、"16＋1"贸易指数和宁波港口指数。
		(二)中国与埃及等13个国家的33个有关机构、企业的代表共同成立"海上丝绸之路"港口合作机制并发布《海丝港口合作宁波倡议》。
		(三)浙江省海港集团与西班牙阿尔赫西拉斯湾港务局签署《阿尔赫西拉斯港宁波舟山港集团谅解备忘录》。
二	合作平台	(一)开通并运营义新欧班列。
		(二)召开中国中东欧国家博览会暨国际消费品博览会。
		(三)建设中国(浙江)自由贸易试验区。
		(四)建设宁波"一带一路"建设综合试验区、"16＋1"经贸合作示范区。
		(五)建设浙江(青田)华侨经济文化合作试验区。

序号	内容	成果清单
二	合作平台	（六）召开联合国世界地理信息大会，会址永久落户湖州德清。
		（七）召开世界互联网大会，会址永久落户嘉兴乌镇。
		（八）召开世界油商大会。
		（九）召开国际海岛旅游大会，会址永久落户舟山。
		（十）召开世界乡村旅游大会暨"一带一路"世界乡村旅游湖州亚太峰会，会址永久落户湖州吴兴。
		（十一）召开世界布商大会，会址永久落户绍兴柯桥。
		（十二）阿里巴巴集团建设世界电子贸易平台（eWTP）海外试点。
		（十三）开展浙江医学海外推广项目。
		（十四）开展浙江援非医疗项目。
		（十五）开展中国（宁波）中东欧国家教育合作交流活动。
		（十六）建立"一带一路"标准化教育与研究大学联盟。
		（十七）浙江高校在"一带一路"沿线国家设立孔子学院。
		（十八）浙江高校在"一带一路"沿线国家设立丝路学院、鲁班工坊等境外办学平台。
		（十九）设立全国首家中意（大利）人才交流合作国家级试点。
		（二十）建设衢州市"一带一路"商贸合作平台（南南合作）。
		（二十一）成立全国首个"一带一路"产教协同联盟（宁波）。
		（二十二）联合共建浙江—尼泊尔小水电技术研究中心。
		（二十三）设立浙江大学西部研究院。
		（二十四）设立浙江师范大学非洲研究院。

续　表

序号	内容	成果清单
二	合作平台	(二十五)设立浙江丝路产业投资基金。
		(二十六)开展"浙江与非洲"对外传播与合作、《丝路上的钢铁"驼"队》影视剧等系列"一带一路"宣传活动。
		(二十七)开展青瓷文化、汤显祖文化等优秀传统文化走向世界系列活动。
		(二十八)建设"海外传播官"队伍、温州市海外传播基地。
三	投资项目	(一)建设"一带一路"捷克站项目。
		(二)建设"一带一路"迪拜站项目。
		(三)巨石集团有限公司投资埃及玻纤生产基地项目。
		(四)浙江华友钴业股份有限公司投资刚果(金)铜钴矿区项目。
		(五)卧龙电气集团股份有限公司收购墨西哥通用电气股份公司项目。
		(六)龙游新丝带商贸公司建设哥伦比亚公共海外仓项目。
		(七)浙江开山压缩机股份有限公司投资印尼地热项目。
		(八)浙江大洋世家股份有限公司投资建设太平洋岛国海外捕捞加工补给基地项目。
		(九)万丰通用航空有限公司并购捷克 DF 航空公司股权项目。
		(十)杭州锦江集团有限公司投资印度勒克瑙垃圾处理一体化项目。
		(十一)宁波均胜电子股份有限公司投资罗马尼亚汽车电子工厂项目。
		(十二)红狮控股集团有限公司投资尼泊尔水泥生产线项目。

序号	内容	成果清单
三	投资项目	(十三)浙江吉利控股集团有限公司收购戴姆勒股份项目、收购沃尔沃集团部分股权项目、在白俄罗斯投资CKD汽车合资项目。
		(十四)浙江海亮集团有限公司投资泰国精密铜管智能制造项目。
		(十五)浙江省建设投资集团承建中国联通(香港)环球数据中心项目。
		(十六)宇杰集团股份有限公司承建柬埔寨国家公路项目(获柬方"国家合作友好勋章")。
四	示范园区	(一)杭州、宁波、义乌国家跨境电商综合试验区。
		(二)泰中罗勇工业园区(国家级境外经贸合作区)。
		(三)乌兹别克斯坦鹏盛工业园(国家级境外经贸合作区)。
		(四)俄罗斯乌苏里斯克经贸合作区(国家级境外经贸合作区)。
		(五)越南龙江工业园(国家级境外经贸合作区)。

后 记

　　本书对中国企业尤其是中小企业到"一带一路"倡议响应的沿线国家开展投资合作业务时普遍关注的投资合作环境进行了客观介绍,并整理出一些现有的合作情况,但由于篇幅有限,一些数据收集并不容易,加之不同企业、各人所需信息各异,本书提供的信息仅供读者参考,不作为企业投资决策的全部依据。

　　本书由同济大学浙江学院经管系国贸金融教研室蒋诚编写。参加汇编课题组的工作人员分别为:张迺英(同济大学教授)、张正国(同济大学教授)、李月娥(同济大学副教授)、顾雅君(同济大学浙江学院副教授)、宋慧(同济大学浙江学院副教授)、虞铭明(同济大学浙江学院讲师)。感谢同济大学国贸金融学科的各位专家学者对本书内容进行的补充、调整和修改。同时对运营"同游经济带"公众号的同济大学浙江学院国际经济与贸易专业的四位学生表示感谢,她们是:华思思、张琦、窦雨薇和吴思瑶。

　　"一带一路"官网、浙江"一带一路"官网、浙江省各城市政府网站、省经信厅、省科技厅、省自然资源厅、省建设厅、省交通运输厅、省农业农村厅、省外办、省国资委、省市场监管局、省地方金融监管局、省贸促会、中国人民银行杭州中心支行、国家开发银行浙江省分行、进出口银行浙江省分行、出口信用保险浙江分公司等为本书提供了相关资料,特此说明并表谢意。由于时间仓促,加之编者的水平有限,如有不当之处,欢迎批评指正。

蒋诚

2020 年 2 月 26 日